미국 부동산을 알면 투자가 보인다

미국 부동산을
알면
투자가 보인다

다이애나 킴, 에릭 나, 조형민, 김동용, 한지혜 지음

ⓤ 중앙경제평론사

미국 부동산 투자 및 자산운용, 그리고 이에 필요한 미국 세금, 이민과 관련되어 한 번에 볼 수 있는 책입니다. 특히 미국 부동산 투자 및 이민과 관련된 각 전문가가 자신의 노하우를 모두 보여 준다는 점에서 미국 투자와 이민에 관심 있는 분들에게 많은 도움이 될 것이라고 확신합니다. 안정적인 미국 부동산 투자와 이민을 계획하시는 분에게 큰 효과가 있을 것입니다.

― **채애리** 법무법인 온조 대표 변호사

뭐든지 아는 만큼 보이는 법인데 미국은 우리나라와 전반적인 제도와 문화가 다릅니다. 미국 부동산 투자와 이민에 관심이 있어도 국내에서 분석한 정보로는 한계가 있었습니다. 미국 현지 경험이 풍부한 전문가들이 모여 완성한 이 책은 누구나 미국 부동산 투자와 이민에 쉽게 접근할 수 있게 해줄 것으로 확신합니다.

― **박은주** 법무법인 온조 대표 변호사

미국 부동산 취득, 대출 그리고 세금. 원한다면 이민까지. 다양한 전문가들이 모여 베일에 가려져 있던 미국 부동산 투자를 생생한 체험과 곁들여 구체적으로 설명해 드립니다. 이 책을 통해 당신의 선택 가능한 투자 옵션을 하나 더 추가할 수 있게 되실 것입니다.

- 이동현 진평세무회계 대표 세무사

모름지기 해외부동산 투자, 특히 미국 부동산 투자에서는 남다른 최고의 수익을 창출하기 위해선 반드시 현지에 가서 직접 눈으로 확인해야 하고, 다음으론 문화·제도·법률적 검토를 꼼꼼히 챙겨야 하는 법입니다. 이를 뒷받침하는 국내 최고의 훌륭한 정석, 지침서로 평가되어도 손색이 없을 것 같다고 생각합니다. 봤노라, 투자했노라, 승리했노라!! 미국 부동산 투자의 꿈을 꼭 이루시길 바랍니다.

- 임대순 뉴욕경제문화포럼 대표/미래경제문화포럼 공동대표

한국에서 한국 및 미국 회계사로서 세무회계 전문 분야의 자문을 하면서, 고객들 때문이라도 미국 부동산이나 미국 사업 등에 대한 이야기를 자주 주고받습니다. 그러나 한국에 살다 보니 마냥 궁금해했지, 어떤 원리라는 것을 알 기회는 많지 않았습니다. 이 책을 보면 미국 부동산 투자의 원리, 세법 등 다양한 부분을 속속들이 볼 수 있어 미국에 이민이나 투자를 생각하는 많은 분께 도

움이 될 것이라 확신합니다.

- 조준근 리안컨설팅그룹 대표 공인회계사

교육자로 있으면서 해외 출장을 자주 가게 되는데 외국에 살아 보면 어떨지 생각해 본 적이 있습니다. 그중에서도 미국의 경우는 더욱 많은 한국 사람이 궁금해하지 않나 생각합니다. 개인적으로 미국의 부동산 투자, 법인 설립, 미국 이민, 미국 세법 등에 대한 궁금증을 쉽게 한눈에 볼 수 있는 실용적인 전문 서적으로서 이 책을 추천해 드립니다.

- 손정우 신라공업고등학교 교감

우리는 글로벌 시대에 살고 있습니다. 그런데도 접하기 쉽지 않은 해외 부동산 투자! 물리적인 거리상의 문제와 심리적인 불안함. 우리와는 사뭇 다른 진행 과정과 법률적인 문제점 등의 현실적인 요소들로 인해 결정이 쉽지 않습니다. 이 책은 독자분들께서 궁금해하시는 미국 부동산 투자를 가장 효율적이고 정확하게 제시해 주고 있습니다. 저자분들께서는 이미 미국 부동산 전문가분들이시며, 미국 부동산 현장에서 현업으로 라이선스를 가지고 종사하시는 분들이시기에 필요한 점들을 정확하게 짚어 주고 계십니다. 이민과 미국 부동산에 관심이 많으신 분들과 향후 미국 부동산 투자를 계획하시는 분들께 길잡이가 되어주는 책입니다.

- 김준영 더투자부동산경제연구소 소장

국내 투자자들도 이제 미국 주식, 부동산 등 글로벌 자산에 적극적으로 투자하는 시대가 됐습니다. 좁은 시장, 한정적인 수요, 반복되는 규제, 원화 자산이라는 한계를 넘어 자산을 더 안전하게, 효과적으로 불릴 수 있는 길을 알려주는 좋은 책입니다. 남들보다 먼저 돈이 모이는 시장에 관심을 가지고 투자에 나서면 그만큼 앞서갈 수 있다고 믿습니다. 이 책이 독자들에게 앞서가는 시작이 되길 바랍니다.

– 신희은 밀레니얼머니스쿨 대표

미국 부동산 제도는 우리나라 제도와 유사한 부분도 있지만 다른 부분이 더 많은 것으로 알려져 있습니다. 월세 중심의 미국 부동산 거래는 우리나라 부동산 거래보다 소요되는 기간도 길고, 필요한 전문가도 더 많은 편입니다. 그렇기 때문에 반드시 정확한 지식을 가지고 움직여야 손해를 보거나 실수하는 일을 예방할 수 있습니다. 이번 책은 다이애나 킴 대표를 비롯한 각 분야 전문가의 경험과 지식이 집결되어 있다고 볼 수 있습니다. 미국 부동산 투자에 대해 막연하게 생각했던 독자분들에게 분명하고 안전한 가이드라인이 되어줄 것이라고 자신 있게 말씀드릴 수 있습니다. 미국 부동산 투자를 통해 경제적 자유로 한 걸음 더 나아가고 싶은 분들에게 일독을 권합니다.

– 김종후(후랭이) 유튜브 채널 〈후랭이TV〉

당신이 미국 부동산을 알면 좋겠습니다

10대가 되기 전, 운동장에 큰 네모를 그려놓고 몇몇 또래 친구들과 '땅따먹기'를 하던 기억이 난다. 자신에게 적당한 조그마한 돌멩이를 골라 네 귀퉁이에서 일정 넓이의 땅을 갖고 시작한다. 내 땅에서 바깥으로 돌멩이를 손가락으로 튕겨 보내고, 돌멩이가 멈춘 자리까지 직선을 긋는다. 다시 한번 돌멩이를 더 멀리 튕겨 멈춘 위치까지 다시 한번 선을 긋는다. 마지막 세 번째 튕길 때는 원래의 내 땅으로 돌아와야 하는데…. 아차! 너무 멀다.

결국 내 땅으로 안전하게 들어가 어마어마한 구역이 내 땅으로 편입되었다. 저기 저 친구는 나보다 더 크게 그려 나갔지만, 돌멩이가 마지막에 돌아오지 못해 모두 무효가 되어 버렸다.

이렇게 "땅따먹기", 다시 말해서 부동산은 어릴 때부터 지금까지 우리 인생에 밀접하게 관계가 되어 왔을지도 모르겠다. 부동산이라는 단어 자체가 어른들만의 이야기가 아닌 어릴 때부터 우리 욕망의 일부분이었을지도 모르겠다는 말이다.

10대가 되어 난 모친이 계시는 미국으로 이민했다. 모친은 내가 2세 때 미국으로 들어가셨고 난 한국에 남아 외조모 밑에서 자랐다. 그리고 15세가 되던 해에 그렇게 그리워하던 모친을 만나게 되었다. 모친은 크게 사업을 하시며 부동산 투자를 활발하게 하고 계셨다.

시간이 흘러 부동산 투자 회사를 설립해 더욱 체계적으로 규모 있게 투자하기 시작하셨다. 난 그런 모친을 따라다니며 주말과 방학마다 임장을 다녔다. 불이 난 건물들만 매입하러 다니셨던 모친과 함께, 난 미국 부동산 시장에 발을 들였다.

한참 친구들과 놀고만 싶은 나이에 모친을 따라 건물을 보러 다니는 건 고역이나 다름이 없었다. 그래서 그때 결심했다. 절대 부동산 관련 직업을 가지지 말자고 말이다.

하지만 그 피는 어디 가지 않았고 10대를 넘어 20대에 이르러서는 부동산과 관련된 PC게임에 한참 빠졌다. '심시티'라는 게임은 내 취향대로, 나만의 계획대로 도시를 만들고, 개발하고, 세계적인 도시로 발전시켜나간다. 또한 '문명'은 시대와 공간을 모두 초월한 땅따먹기 게임이며 중독성이 강해 악마의 게임이라고 불렸다. 그 게임들을 즐기는 과정에서 알게 모르게 땅을 소유하고 싶은 마음을 게임으로 표현했다.

대학을 졸업 후 난 자의 반 타의 반으로 모친의 부동산 투자 사업에 더 깊게 개입하기 시작했다. 모친이 소유하던 건물을 관리하고 세입자 관련 문제들을 처리해나갔다. 그러면서 투자는 수익의 극대화뿐만 아니라 투자에 자연적으로 따라오는 리스크를 최소화하는 게 제일 중요하다는 걸 깨달았다. 그러지 못했을 때 생기는 문제들은 도미노가 하나씩 넘어가는 것 같이 투자자의 거대한 왕국마저도 무너지게 할 수도 있다는 걸 알게 되었다.

어머니의 공격적인 투자 전략들을 배우며 내 돈 들어가는 것 없이 다른 사람들의 돈으로 투자하는 방법들을 배웠다. 그리고 팀을 이루어 전문가들의 도움을 효율적으로 이용하는 방법들을 배워 나가며 난 미국 부동산 시장에서 큰 꿈을 꾸기 시작했다.

그 후 부동산 전문 로펌에서 법률보조원으로 근무하다 로스쿨에 입학했고 난 부동산법 변호사가 되었다. 미국 부동산 시장에서 울고 웃고 땀을 흘리며 보내온 세월이 겹겹이 쌓였다. 부동산에 대해서는 충분히 알고 있다고 생각했다.

미국뿐만 아니라 한국에도 부동산에 투자를 했다가 뒤통수를 세게 얻어맞았다. 잘 알지도 못하는 시장에서 내 오만방자함이 나를 향해 비웃었다. 그리고 깨달았다. 잘 모르는 시장에서 투자하기 위해서는 얼마나 공부가 중요한지 말이다.

그 후 한국 부동산 시장의 여러 문제도 알게 되었고 그 조그마한 시장에서 이러지도 저러지도 못하고 끙끙대는 투자자들을 많이 만나게 되었다. 난 그들에게 알려주고 싶었다. '조금만 고개를 돌리면 더 크고 좋은 시장이 존재하고 있다'라고 말이다. 그렇게 (주)다부언이 설립되었고 그동안 많은 투자자의 교육과 컨설팅을 맡아 그들의 미국 부동산 투자를 도왔다.

학창 시절 글로벌시대가 도래하고 있다며 이를 대비해야 한다고 배웠다. KTX가 처음 개통되었을 때만 해도 대한민국은 전 지역에서 일일생활권이 가능해졌다며 많이 발전했다고 생각했다. 서울에서 밥을 먹고, 사무실에서 회의를 마친 뒤 KTX를 타고 부산에 간다. 부산에서 간단한 미팅을 하고 점심을 먹고 제주도로 넘어간다. 제주도에서 오후 일정 및 저녁 식사를 마치고 비행기를 타고 서울로 사무실로 돌아와 일과를 마친다. KTX가 2004년 4월에 처음 개통했으니 20년이 채 되지 않은 것이다.

지금은 반나절 만에 전국을 돌아 일정을 마치는 반나절 생활권이 가능해졌다. 더 나아가 동북아 일일생활권을 누리고 있지 않은가! 서울에서 아침을 먹고 출발해서, 일본에서 업무를 보고 점심을 먹은 뒤, 상해로 넘어가 저녁 미팅을 하고 서울로 다시 돌아올수 있다. 정말 하루가 다르게 세상은 발전하고 가까워지고 있다.

1990년대 삐삐에서부터 시작해서 시티폰, 플립폰, 슬라이드폰, 폴더폰을 거쳐 2G, 3G, 4G, 지금은 무려 5G 시대이다. 최근 몇년 동안 코로나라는 전 세계적인 어려움을 극복하며 통신 및 온라인 업계에도 엄청난 발전을 이루었다. 1990년대 전화 모뎀을 이용한 PC통신으로 시작해서, 지금은 기가바이트 단위의 유선인터넷 시대에 살고 있다. 심지어 지금은 무선인터넷이 더 빠르다.

이런 문명의 혜택을 받은 우리는 사무실로 출근하지 않아도 있는 자리에서 온라인 회의가 가능하다. 심지어 지구 반대편에 있는 사람과도 화상 미팅이 가능하며, 실시간으로 필요한 정보를 주고받는다. 엄청난 시대에 살고 있으면서 부동산은 아직도 그

자리에 머물러 있다. 이를 반대로 활용한다면, 우리는 집에 가만히 앉아 서 멀리 다른 나라에 있는 부동산을 구매할 수 있는 시대가 된 것이다.

대한민국 부동산은 각종 규제와 높은 세금 그리고 인구절벽 등으로 심한 몸살을 앓고 있다. 그런데 태평양을 건너 대한민국보다 훨씬 더 큰 시장에서는 더 큰 기회들과 성공이 기다리고 있다. 세금 천국이라는 별명에 걸맞게 다양한 혜택들과 함께 말이다.

부동산은 말 그대로 움직이지 않고 그 자리에 고정된 재산이다. 20년 전 떡볶이 값이 얼마였는지 기억하는가? 단돈 2천 원으로도 친구들과 배불리 떡볶이를 먹을 수 있었다. 지금은 어떤가? 단돈 2천 원으로 할 수 있는 일이 얼마나 있는지 생각해보자. 집값은 어떤가. 중소기업 다니던 과장의 월급이 50만 원이었던 적이 있었다. 서울에 위치한 아파트를 1,200만 원에 살 수 있었다. 하지만 지금은 서울 아파트 한 채를 사려면 20억 원은 넘게 필요하다. 화폐의 가치는 계속 떨어진다. 그리고 이런 인플레이션을 피할 방법은 부동산 같은 실물자산이다.

부동산이 좋은 건 알지만 고금리/고물가/고환율의 3종 위기 세트 안에서 어떻게 투자를 해야 하냐고 소리를 지르는 사람들의 모습이 그려진다. 그런데 고개만 조금만 돌리면 새로운 시장이 있다. 더 큰 기회를 던져주는 아메리칸드림(American Dream)을 실현해주는 그 시장에서 말이다. 바로 미국 부동산 시장이다.

한국에서도 못하고 있는 부동산 투자를 태평양 건너 저 멀리 있는 나라에 어떻게 투자해야 하냐고 의문을 가질 것이다. 부동산은 이미 끝났다고 외치는 사람들도 있을 것이다. 그런데 과연 그럴까?

먼 나라의 이야기니 그리고 아무것도 모르니 두려움으로 인한 외침이 아닐까? 미국 부동산 시장은 알면 알수록 보이는 시장이며 안정적인 자산가치 상승은 물론 세팅만 잘해놓으면 수익을 극대화할 수 있는 시장이다.

그만큼 많이 공부하고 알아야 하는 시장이다. 법률, 세금, 행정 시스템, 문화 등 배울 게 산더미이다. 지식을 습득하면 충분히 도전해 볼 만한 시장이기도 하다. 아메리칸드림이 옛말이라고들 하나 아직도 그 말이 유효함을 미국 부동산 시장만 파악해도 깨닫게 될 것이다.

한국에서 어떻게 미국에 있는 부동산에 투자할 수 있을지 의문도 고민도 많을 것이다. 그 멀리 어떻게 임장을 가야 할지 미국에 직접 가지 않고도 투자는 할 수 있는지 송금, 세금 등에 관해서 궁금한 게 한두 가지가 아닐 것이다. 인터넷을 뒤져보면 어느 정도 정보를 찾을 수 있지만 그 정보들이 정확한지도 확실하지 않을뿐더러 수많은 정보를 정리하고 통합해서 자신이 사용할 수 있는 정보들로 만들어 내기도 어려운 일이다.

그뿐만 아니라 미국에 투자하기 위해서는 한 분야의 지식만으로는 부족하다. 법률부터 세금, 대출, 투자 전략 심지어 이민법까지 알아야 한다. 지금까지는 각 분야의 지식을 한 책에 모아 놓은 책은 없었다. 그래서 난 다양한 분야의 전문가들과 공동으로 미국 부동산 백과사전을 집필하기로 했다. 한 권의 책으로도 미국 부동산에 대한 전반적인 지식을 습득할 수 있게 말이다. 그것도 그냥 전문가가 아닌 전문 면허증을 보유한 "진짜" 전문가들에게 말이다. 전문가들의 귀중한 지식과 그들의 자존심을 이 책 한 권에 모두 담았다.

삐삐에서 현재의 스마트폰으로 발전하기까지 30년도 걸리지 않았다. '랩톱 프로퍼티(Laptop Property)'라는 용어가 생겨나 이제는 책상 앞에 앉아 미국 부동산 투자를 할 수 있게 되었다('랩톱 프로퍼티'는 직접 현지에 가보지 않고 온라인으로만 부동산을 알아보고 투자, 관리하는 부동산 투자를 말한다).

실제로 이미 전 세계 사람들이 미국 부동산 시장의 매력을 알게 되어 진즉부터 투자하고 있었으며 한 번도 미국에 가보지도 않고 투자를 하는 사람들도 적지 않다.

이제 서둘러서 준비해야 한다. 잘 모른다는 이유로 두렵다는 이유로 모른 체 하기에는 미국 시장에서 던져주는 기회들이 너무 많고 크다. 정확한 정보를 충분히 습득해서 위험을 줄이고 "진짜 투자자"가 되어 용기 있게 미국 시장에 발을 들여보자.

부동산은 아름답다. 만질 수 있어서 더욱 아름답다.

다이애나 킴(Diana Kim)

차례

1장 미국 부동산 A to Z

다이애나 킴 (주)다부연, NYD 대표(미국 뉴욕/뉴저지 부동산법 변호사)

2장 대체투자

에릭 나 EMP Financial Network Inc. 대표(DST & 리츠 전문가)

3장 미국 부동산 세법

조형민 티맥스 그룹 대표(미국 세무 회계사)

4장 주택담보대출 모기지

김동용 (주)다부연(미국 부동산 전문가/컨설턴트)

5장 이민법

한지혜 법무법인 온조 미국 이민법 변호사

1장

미국 부동산 A to Z

다이애나 킴(Diana Kim)

미국에서 부동산 투자회사를 운영하셨던 모친의 영향으로 어릴 때부터 부동산 투자 실전교육을 받았으며 미국 뉴욕/뉴저지 변호사로 활동했다. 현재는 (주)다부연의 대표로 미국 부동산 예비 투자자들의 법률 자문을 맡고 있으며 NYD 해외자산운용에서 자산운용 세법 법률자문을 하고 있다. 명망 높은 "뉴욕 경제문화포럼"의 해외부동산 부문 대표를 맡고 있다. 미래경제문화포럼의 공동대표인 임대순 다부연 경영고문을 통해 협업을 받을 예정이며. 2022 대한민국 리더대상을 수상했다. 또한 스포츠 서울 혁신리더/미국 부동산 교육컨설팅 부문에서도 상을 받았으며 대한민국 최고기록인증원으로부터 국내 1호 미국 부동산 투자 매니저로 공식인증을 받았다.

나의 놀이터는
뉴욕 부동산 시장이었다

　나의 어머니는 내가 2살 때 미국 뉴욕주(New York State)로 이민했다. 난 외할머니 손에 맡겨져 중학교 2학년 때까지 한국에서 자랐다. 어머니는 뉴욕에서 지금의 새아버지를 만났고 두 분은 맨해튼(Manhattan) 가먼트 디스트릭트(Garment District)에 봉제공장을 열었다. 맨해튼은 지역마다 그 특성에 맞는 별명이 있다. 정식 호칭은 아니지만 뉴욕 주민들에게는 익숙한 이름이다.

　맨해튼 미트패킹 디스트릭트(Meatpacking District)는 정육업을 뜻하는 미트패킹과 지역을 뜻하는 디스트릭트로 구성된 단어다. 이 지역에 고기 포장 공장들이랑 가축 도축장들이 모여있어서 붙여진 이름이다. 가먼트 디스트릭트는 말 그대로 의복을 뜻하는 가먼트(garment)와 지역을 의미하는 디스트릭트(district)가 합쳐진 이름이다. 이 지역은 그만큼 봉제공장들이나 의류 관련 사업체들이 많았다.

어머니는 새아버지와 봉제공장을 꽤 오랫동안 운영했다. 그러다 봉제공장의 제일 큰 고객인 의류회사들과의 계속되는 갈등 및 노동 시장의 변화로 인해 공장을 처분하기로 했다.

당시 미국 시장은 생산기지들을 인건비가 낮은 나라들로 옮기는 작업이 한창이었으며 의류회사들도 가격 경쟁력이 있는 해외 공장들과 계약을 맺기 시작했다. 그러다 보니 인건비가 높은 미국, 그것도 뉴욕 맨해튼에서 인건비가 특히 많이 드는 봉제공장을 운영하는 건 무리였다.

대신 어머니는 공장을 처분 후 세탁소와 세탁공장을 맨해튼과 퀸스에 걸쳐 여러 개를 오픈했다. 어머니는 땅값이 비싼 맨해튼에는 월세로 드롭 스토어(drop store) 지점을 열었다('드롭 스토어'는 세탁이 필요한 의류들을 세탁공장에 배달하기 전에 세탁물들을 맡기는 스토어

미국 뉴욕주 뉴욕시의 자치구에 속하는 맨해튼(좌), 퀸스(우)
지역   출처: Nafsadh

를 말한다).

드롭 스토어에는 세탁할 수 있는 기계들이 없기 때문에 드라이 클리너스(dry cleaner's), 즉 세탁공장으로 보내야 한다. 어머니는 건물값이 비교적 싼 뉴욕 퀸스 지역의 건물들을 구입해 세탁공장들을 열어 운영하기 시작했다. 그게 내 어머니의 미국 부동산 진출 출발점이 되었다.

그 후 어머니는 부동산 투자회사를 설립하고 점차 투자 지역을 늘려가기 시작했다. 미국 부동산은 현금인출기라는 말이 있듯이 보유한 부동산의 에쿼티(equity), 즉 순자산을 가지고 돈을 빼서 쓸 수 있다.

일반적으로 내 에쿼티의 80% 정도 돈을 뺄 수 있는데, 예를 들어 집이 10억 원이라고 치고 내 순자산(처음 구입할 때 들어간 실투자금과 그동안 대출금 반환 및 부동산 가치가 올라가면서 쌓이는 내 순자산)이 5억 원이라고 치면 아래와 같이 계산할 수 있다.

10억 원 × 80% = 8억 원

8억 원 - 5억 원 = 3억 원

위의 계산과 같이 3억 원을 뺄 수 있다. 당연히 이자도 발생한다. 일반적으로 대출기관에서 20%의 에쿼티는 남겨 놓기를 요구한다. 그렇기 때문에 이 경우 3억 원을 빼서 내가 원하는 용도에 쓸 수가 있다.

낮은 금리를 이용해 높은 금리 때 받은 대출금을 한 번에 갚아 버리든지, 아니면 다른 건물 투자에 사용할 수도 있다. 기존 건물에서 뺀 돈을 실투자금으로 해서, 다시 새 건물에 대한 대출을 받아 새 부동산을 구입하는 것이다.

어머니는 이 캐시아웃 재융자(cash-out refinance)를 이용해서 건물들을 늘려갔다. 미국의 1990년대 평균 금리가 10%대였으며 1998년에는 6.94%로 떨어졌다. 10%대라면 요즘보다 2배는 높은 금리이다.

1998년 6.94%대의 금리는 현재 금리와 비슷하긴 하다. 10%대에서 6%대로 떨어졌으니 그때 당시 투자자들에게는 낮은 금리로 느껴졌으리라. 이걸 보면 상대적 평가를 통한 투자자의 심리 변화는 흥미로운 것 같다.

뉴욕은 맨해튼, 퀸스, 브루클린, 브롱크스, 스태튼아일랜드 이렇게 5개의 자치구로 구성되어 있는데 처음에는 퀸스에 위치한 건물들로 시작했던 어머니의 부동산 투자는 얼마 지나지 않아 브루클린과 브롱크스로 확장해 갔다. 높은 감가상각률과 각종 세금 혜택들을 통해 소득세(Income Tax)를 거의 내지 않고 수입은 늘어갔다.

미국의 '1031 익스체인지(1031 exchange)'라는 세법을 이용해 양도세를 내지 않고 빌딩의 규모만 계속 커져 나갔다. 상업용 건물만 투자하던 어머니는 주상복합건물(mixed use building), 즉 한국의 오피스텔 건물과 비슷한 건물 투자까지 하게 되었다.

아래층은 상업용, 나머지 층은 주거용으로 합쳐진 건물들로 아래층에는 빨래방 같은 사업체에 월세를 주고 나머지 층 한세대에서는 어머니가 직접 거주하고, 나머지 세대들은 모두 월세를 주었다.

그때 당시 방 하나짜리 주택의 월세가 1천 달러 초반대였으니 빨래방 월세까지 더하면 월세 수익이 대단했을 것이라는 예상이 든다. 몇몇 빌딩에서는 아래층에 어머니께서 직접 빨래방과 세탁소를 차리고 운영까지 했다. 여기에 새아버지가 손재주가 좋아서 웬만한 건물 수리는 직접 하니 수리비 절감까지 할 수 있었다.

빌딩들을 사고팔며 어머니는 뉴저지까지 투자의 손을 뻗쳤다. 뉴저지에서는 거의 주거용 건물에 투자했다. 특히 저지시티(Jersey City)에 위치한 콘도들에 투자를 많이 했는데 저지시티는 재개발 호재 및 재벌 대기업들이 들어오면서 투자자들의 관심이 컸던 지역이었다.

그뿐만 아니라 퍼세이익 카운티나 햄버그 같은 지역들에도 투자를 했는데, 퍼세이익 카운티에는 건물을 구입해서 이마트 같은 슈퍼마켓을 열었고, 햄버그에는 골프장 내에 위치한 단독주택을 매입하는 등 다방면으로 투자 및 사업을 하며 투자자로서의 경력을 쌓아나갔다.

어머니의 투자전략은 과히 공격적이고 위험한 편에 속했다. 창의적이며 때론 아름답기도 했다. 많은 사람이 고개를 절레절레 흔들 정도였으며 심지어 부동산 중개인들마저도 대단하다며 손

뻑을 칠 정도였다.

난 그런 어머니를 옆에서 지켜보며 학창 시절을 보냈다. 어머니께서는 부동산 임장 갈 때나 클로징(거래 마지막 단계) 때, 세입자를 만나러 갈 때 등 항상 나를 데리고 다녔다. 아마도 어머니께서는 어린 나를 일찍부터 미국 부동산 시장에 노출하고 싶으셨던 것 같다. 어머니 나름의 조기교육이었을 거라는 생각이 든다. 내가 직접 보고 경험하며 투자의 전반적인 모든 것들을 배우길 원하셨던 것 같다. 어머니는 내가 어릴 때부터 나에게 부동산 투자의 중요성을 항상 강조하며 열심히 공부하라고 잔소리 아닌 잔소리를 매일 했다. 그런 이유로 난 울며 겨자 먹기식으로 매일 매 순간 부동산 시장에 내 의지와 상관없이 노출되어야만 했다.

주말이면 같이 임장을 다녔다. 불이 난 건물들을 찾아 나섰는데 불이 난 건물은 가치가 많이 떨어지기 때문에 주인들이 싸게 시장에 내놓는 경우가 종종 있었다. 화재는 났는데 고치기에는 돈이 많이 들고, 시간과 에너지를 쓰기 싫어하는 건물주들은 그렇게 금이 될 수 있는 건물들을 시장에 버렸다.

어머니는 그중에 제일 적은 돈과 적은 에너지로 수리와 리모델링이 가능한 건물들을 매입해 싹 고친 후 건물에 맞는 세입자를 들여 건물값이 오르기만을 기다렸다. 그리고 최고점이라는 판단이 들면 팔았다.

판매한 기존 부동산과 같거나 높은 가격의 건물을 매도 후 6개월 안에 매입하면 양도세 및 다른 관련 세금이 연기가 되므로

(1031 익스체인지) 계속 투자를 이어 나갔다. 여기서 주의할 건 세금 유예이며, 면제가 아니라는 점이다. 또한 본인 주거용 부동산은 해당이 되지 않으며 상업용 부동산이나 임대료를 받는 투자용 부동산이어야 한다는 점이다.

어쨌든 이 조건만 만족시킬 수 있다면 기존 부동산 판매 시 양도세 및 관련 세금을 유예할 수 있고 그 돈으로 더 큰 부동산에 투자를 할 수 있으니 자산 크기를 빠르게 키울 수 있다. 그렇게 어머니의 부동산은 눈덩이가 굴러다니며 커지듯이 빠르게 커졌다.

시간이 날 때마다 어머니와 건물사냥에 나섰는데 매상 체크를 위해 건물 앞에 차를 세워두고 오고 가는 사람들의 유동성 체크를 시간별, 요일별로 구분해서 진행했다. 어머니가 항상 하시던 말씀이 있다.

"다른 사람의 말이 아닌 너의 눈만 믿어라."

어머니는 건물에 세 들어가 있는 사업체의 매상 장부도 믿지 않았다. 자신이 직접 눈으로 보고 확신이 들어야 거기에 맞는 권리금을 지불하고 건물을 샀다. 난 그런 어머니를 쫓아다니며 매사 불만이 많았다. 쉬고 싶은데…. 친구들과 만나 놀고 싶은데…. 드라마 보고 싶은데….

난 그 차 안에서 내 눈에는 무의해 보이기만 하는 사람들이 건물 안팎을 왔다 갔다 하는 모습만 우두커니 앉아 보고 있었다. 어머니가 건물들을 돌며 월세를 받아 올 때면 빨래 자루에 현금이 한가득했다.

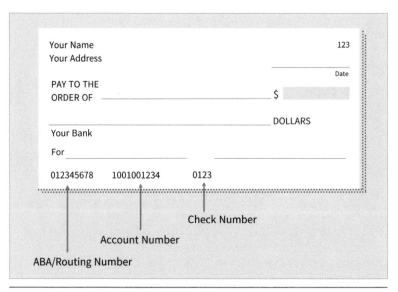

아직도 미국에서 널리 이용되는 체크이다. 이 체크에 돈을 받는 사람의 이름과 금액을 쓰고 서명을 한 후 상대에게 돈을 주면 상대는 이 체크를 자신의 통장에 입금한다. 그러면 이 체크 주인의 통장에서 상대의 통장으로 해당 금액이 입금된다.

 어머니는 방바닥에 현금을 가득 쏟아붓고 한 장 한 장을 세며 뿌듯한 미소를 지었다. 그러면서 세상에서 제일 좋은 향기는 지폐의 향기라고 하며 더욱 열심히 바닥에 흩뿌려진 그 돈들을 주워 아기 다루듯이 조심스럽게 지폐를 세었다. 지금이야 월세를 자동이체 하거나 체크(수표)로 월세를 내지만 예전에는 현금으로 월세를 받았다.

 난 그런 어머니를 쫓아다니며 어머니의 투자 전략들을 나도 모르게 하나씩 흡수하고 있었다. 아침 일찍부터 클로징을 하러 어머니를 따라나서야 했던 나는 뾰로통하게 볼에 바람을 불어 넣은 채 클로징 테이블에 앉아 흡사 기업들의 합병 자리 같은 거래의 마지막 순간을 지켜봐야 했다.

구매자(buyer) 변호사와 우리 변호사가 산처럼 쌓인 서류들을 가지고 진지하게 합의하는 순간들을 지켜봐야 했고, 숫자들을 정산하고 한장 한장 서류들에 서명하는 모습을 봐야 했다.

구매자/판매자 변호사들이 자기 의뢰인들한테 각 조항을 설명하고 있었다. 그 입에서 나오는 한 문장 한 문장 서류 조항들의 설명도 난 가만히 앉아 들으며 무의식적으로 내용들을 담고 있었다.

어머니의 투자 사업을 도우며 난 결심했다. 난 절대 머리 아픈 부동산 일은 하지 않겠다고…. 어머니의 인생이 아닌 내가 원하는 인생을 살겠다고 생각했다. 세입자가 문제를 일으킬 때마다 한 자 한 자 짜증을 내며 적어 내려갔던 경고 편지와 어머니께서 검토해보라고 집으로 들고 오셨던 매매계약서와 임대계약서의 깨알 같은 글씨들과 이제는 영원히 이별을 고하고 내 인생을 살리라 결심했다.

따뜻한 피가 흐르는 미국 부동산 시장

어렸을 때부터 내 꿈은 교사였다. 중간중간에 사회복지사도 되고 싶었고, 탐정이나 경찰관이 되고 싶다는 생각도 해보았지만, 교사라는 꿈은 항상 가슴 언저리에 남아있었다. 그렇게 시험을 보고 합격했다. 교사 과정 시작하기 전, 반년이라는 시간이 남아 있었고 그냥 놀고 있을 수만은 없어서 일자리를 찾던 중 신문에서 한 로펌 구인 광고를 보게 되었다. 부동산 전문 로펌에서 법률 보조원을 찾고 있었다.

그동안 어머니를 따라다니며 부동산 시장에 대한 어느 정도의 지식이 있었던 나는 아무 생각 없이 이력서를 냈고 합격했다. 그리고 난 그 로펌에서 쇼트세일(short sale) 담당 법률보조원이 되었다.

리먼 브라더스 파산으로 인한 서브프라임 모기지 사태(Subprime Mortgage Crisis)[1]이후 전 세계적인 금융위기 속에서 미국 부동산 시장은 완전히 혼란 그 자체였다. 대출을 신청하면 신청자의 대출 상환능력도 보지 않고 마구잡이로 대출해주던 미국 대출 기관들은 부당, 부실 대출로 인해 무방비하게 무너졌다.

시장에는 쇼트세일과 은행 차압 매물들로 넘쳐났다. 경기가 나빠지면서 주택 가격은 폭락하고 직장을 잃은 사람들은 대출 원리금을 갚지를 못했다. 주택이 압류당하기 전에 낮은 가격에 집을 빨리 팔아 부채를 해결하고자 하는 사람도 늘어났다.

이 당시에 부동산 소유주들은 계속 집값이 올라갈 것이라는 생각에 함부로 집을 담보로 잡아, 돈을 빼 해외여행을 다니는 등 사치를 부렸고 그런 이유로 부동산 소유주들의 순자산 상태가 안 좋아진 것이다. 집값은 내려가고 순자산은 남아 있지 않고, 남아 있는 대출금은 시세보다 높고 집주인들은 사면초가 상태에 빠졌다.

---

[1] 미국에서 2007년부터 2010년까지의 일련의 경제위기 사건들로, 국제금융시장에 2007~2008년 세계 금융 위기를 일으키는 데 직접적인 영향을 준 전 세계적 금융 위기이다. 미국에서 부동산 거품이 꺼진 후 발생한 부동산 가격의 급락으로 촉발됐으며, 이는 모기지론 부실, 대규모 차압 및 주택저당증권 가치 하락을 일으켰다.

부동산을 구매할 때부터 자기 돈은 거의 안 들어가고 거의 대출이었기 때문에 집을 포기하자는 결정도 더욱 쉽게 나왔다. 시장에는 그런 매물들이 넘쳐흘렀고 그걸 기회로 잡아, 돈을 버는 투자자들로 시장을 가득 메웠다.

쇼트세일이란 차압 이전 단계로, 부동산 소유주가 대출금을 못 갚는 경우 소유주의 상황을 검토 후 정당한 사유가 있다면 대출기관이 남은 대출금보다 낮은 매매 금액으로 부동산을 처분할 수 있게 허가해주는 제도를 의미한다.

주택을 차압 당하면 소유주의 신용도도 낮아져서 다시 대출받으려면 적어도 5~7년을 기다려야 한다. 하지만 쇼트세일을 하게 되면 2년 후에 대출받아 또 집을 살 수 있다는 장점(?)이 있다.

다시 말해 쇼트세일이 차압보다는 신용도를 덜 망가트리며 무너진 삶 속에서 다시 일어나는 데 긴 시간이 걸리지 않는 것이다. 대출기관에서 손해를 감수하면서까지 소유주가 집을 팔아 채무를 해결할 수 있게 해주는 제도이다.

대출기관 입장에서는 경매 절차까지 가지 않고 손해를 보더라도 어느 정도 빌려준 돈을 회수할 수 있고 소유주도 차압 기록을 안 남기고 신용을 덜 망가트리며 채무를 해결하니 서로에게 윈윈일 수도 있겠다. 거기에다 구매자 입장에서도 싸게 부동산을 살 수 있게 되니 좋다.

하지만 여기서 주의할 게 있다. 쇼트세일을 진행하기 위해서는 해당 대출기관의 승인을 받아야 하는데 아무한테나 허가를 내주지 않는다. 부동산 소유주의 현재 상황, 즉 왜 대출금을 갚지 못하고 있는지 설명하는 "hardship letter"를 제출해야 하는데 한국말로 해석하면 "어려움을 설명하는 편지"라고 볼 수 있겠다.

그 편지 안에 소유주가 앓고 있는 병으로 인해 일하지 못하거나, 직장에서 해고당했다거나, 이혼이나 갑작스럽게 사별로 인한 어려움 등을 설명하며 선처를 구한다.

그리고 대출기관에서 집주인의 이유가 타당하다고 판단이 들면 쇼트세일을 승인해준다. 이 뿐만 아니라 소유주가 겪고 있는 어려움을 입증하는 서류들도 제출해야 한다. 예를 들어 직장 해고서나 병원진단서 혹은 이혼서류가 있을 수 있겠다.

어려운 상황에 부닥친 소유주를 구제하는 그 방안이 난 좋았다. 그런데 더욱 미국 부동산 시장에 매력을 느끼게 되는 계기가 얼마 후 일어났다.

쇼트세일을 진행하던 내 의뢰인이 어느 날 내게 연락했다. 가족들과 오래전 미국으로 이민을 와서 얼마나 고생하며 자신의 집을 구입했는지와 그 집에서 자신의 사랑하는 부인이 눈을 감은 사연에 관해서 이야기했다. 그리고 자신도 부인과 자녀들의 추억이 담긴 이 집에서 숨을 거두고 싶다고 했다.

그러면서 자신의 삶이 얼마 남지 않은 사실을 내게 고백했다. 식 달이면 되니 여기에 조금만 더 있게 해달라는, 쇼트세일 진행을 연기해달라는 그 분의 간절한 부탁을 난 어떻게든 들어드리고 싶었다.

하지만 더 손해를 보면서까지 은행이 기다려줄지 고민이었다. 일단 물어나 보자 생각하고 은행에 연락했다. 그런데 놀랍게도 은행에서 요청을 들어주었고, 몇 개월 후 내 의뢰인은 소원대로 그 집에서 숨을 거두었다.

난 그 경험을 통해 합리적이지만 따뜻한 피가 흐르는 미국의 시스템과 사람이 사는 공간에 대한 미국 정부의 깊은 존중을 배울 수 있게 되었다. 파산법에서도 국민의 주거 공간에 대한 정부의 입장을 엿볼 수 있다.

예를 들어 뉴욕주에서는 파산하는 경우, 살고 있는 집의 순자산 중 약 9만 달러에서 18만 달러까지 지킬 수 있다. 지역마다 면제 금액이 다르기 때문에 잘 알아보아야 한다. 퀸스나 맨해튼은 약 18만 달러까지, 그 외 지역은 15만 달러와 9만 달러로 나눠진다.

그때까지도 난 보통 사람들이 생각하는 것처럼 미국에 대한 어떤 선입견을 품고 있었다. 냉정하고 차가운 자본주의에 바탕을 둔 경제, 사회 분위기…. 피도 눈물도 없는 곳이라 생각했던 곳의 따뜻함은 날 정말 놀라게 했고 그 매력에 더욱 빠지게 되었다.

로스쿨에 들어가 잠깐 다른 전문 분야에도 관심을 두기도 했지만, 다시 부동산법으로 돌아온 이유도 그 때문이었다. 따뜻한 피가 흐르는 그 필드에서 사람들을 돕고 싶었다.

의식주만큼 중요한 게 없는 것 같다. 가장 기본적인 욕구를 충족시켜주고 불안한 세상에서 안정감, 안도의 숨을 쉴 수 있는 공간을 제공하는 "주(住)…." 난 그렇게 부동산법 변호사가 되었다.

미국 부동산에 반드시 투자해야 하는
7가지 이유

송혜교, 방미, 이수만, 한예슬, 권상우와 손태영, 비와 김태희, 장동건과 고소영, 신세계 그룹 부회장인 정용진…. 익히 들어본 이름일 것이다. 이들의 공통점이 무엇일까? 바로 미국 부동산에 투자했다는 사실이다. 연예계부터 정/재계 인사들을 대한민국이 아닌 태평양을 건너 먼 나라인 미국에까지 투자하게 만든 이유는 무엇일까?

물론 자녀들의 교육 문제가 제일 클 듯하다. 대한민국의 사교육 비용은 하루하루 눈에 띄게 올라가고 있으며, 대한민국 어린이들의 스케줄은 여느 대기업 CEO보다 빡빡해서 숨이 막힐 정도다. 반면에 미국이라는 나라에서는 365일이 어린이날이며 미세먼지 걱정 없이 아이들이 드넓은 자연에서 더 뛰어놀며 성장할 것이리고 학부모들은 기대한다.

이러한 미국의 자유로운 교육환경이 대한민국 학부모들의 관심을 끄는 이유 중 하나다. 답답한 대한민국의 좁은 교육환경에서 자녀들을 해방하고, 높은 수준의 교육환경에서 자녀들을 자유롭고 폭넓은 사고를 하는 인재로 양육하고 싶어 한다.

이 밖에도 자유 시장 경제 체제 아래에서 자신이 힘들게 번 재산을 지키고 혹독한 규제 없이 자산을 증식시키려는 목적에 그 이유가 있지 않을까 싶다. 그래서 이번 장에서는 그들뿐만 아니라 일반 대한민국 국민들까지 자신의 소중한 자산을 미국에 투자하는 이유를 살펴보려 한다.

세금

취득세

한국은 현재 주택 가격에 따라, 소유한 부동산의 수와 위치에 따라 세율(Tax Rate) 1~12% 정도의 취득세를 부과하고 있다. 2개 이상 주택을 보유하고 있는 다주택자들이나 조정 지역에 부동산을 구입한 투자자들의 취득세는 더 높아진다.

2022년 9월 기준, 서울 아파트 가격이 12억 원이다. 12억 원짜리 아파트를 서울에 구매한다 치면 세금으로만 최소 1,200만~1억 2,000만 원을 내야 하는 것이다.

하지만 미국은 다르다. 취득세는 존재하지 않는다. 약 1백 달러(약 14만 원) 정도의 등록비만 내면 된다. 미국 정부는 아직 실현하지 않은 소득에 대해 세금을 부과하지 않는다. 부동산을 취득할 때, 어떠한 소득이 발생 되는 게 아니라 오히려 소유주의 주머니에서 어마어마한 돈이 빠져나가는 데 무슨 세금인가? 상식적으로 이해는 되지 않는다.

보유세

한국은 보유세율은 재산세가 0.1~0.4%, 종합부동산세가 0.6~3.0%가 붙으며 조정지역 2~3주택 이상 보유 시 1.2~6.0%가 부과된다. 미국에도 재산세라는 이름의 보유세가 있다. 주마다 세율이 다르긴 하지만 몇 개 주 재산세 세율의 예시는 아래와 같다.

미국의 재산세율

주	재산세율
뉴욕	1.72%
뉴저지	2.49%
텍사스	1.80%
캘리포니아	0.76%
조지아	0.92%
하와이	0.28%

위의 표를 보면 육안으로만 봐서는 미국이 한국보다 보유세가 높은 것으로 보인다. 예를 들어, 10억 원의 부동산이 하와이에 있다면 280만 원 정도의 재산세를 낸다. 뉴저지의 재산세율이 제일 높다.

이렇게 높은 보유세에도 부동산 소유주들이 가만히 있는 건 비싼 재산세율인 만큼 그 지역의 학군이나 안전, 공공시설의 수준이 높다는 데 있다. 그래서 그만큼 집값도 빨리 올라가니 받아들이는 것이다. 부담될지라도 말이다.

미국에서는 실거주용 부동산 같은 경우 재산세를 부부합산 1만 달러, 원화 약 1,400만 원까지 소득공제를 받을 수 있으며, 투자용 부동산 같은 경우는 운영비용으로 전액 소득공제를 받을 수 있다. 예를 들어 해당 투자용 부동산에서 5천만 원이라는 임대소득이 발생했다고 하자. 보유세가 천만 원이 나왔다면 5천만 원에서 천만 원을 제하고 4천만 원이 투자자의 과세소득이 되는 것이다. 물론 다른 비용들도 공제가 가능하다.

그것뿐만이 아니다. 재산세가 너무 많이 나온다고 느끼는 경우 변호사를 통해 법원에 탄원을 할 수 있으며 많은 소유주가 이 방법으로 재산세를 낮추고 있다.

또한 65세 이상의 노인들 같은 경우 수입에 따라 50%까지 재산세를 면제받을 수 있는 등 재산세를 줄일 방법들이 존재한다. 그리고 제일 중요한 건 미국에는 종합부동산세가 없다는 사실이다. 몇 개의 부동산을 가지고 있든지 각각의 부동산 가치에 따라 그 지역의 세율로 세금이 부과된다.

양도소득세

양도소득세(Capital Gain Tax) 때문에 집을 못 판다는 말을 난 한국에서 처음 들었다. 물론 미국에서도 양도소득세가 존재하지만, 이 또한 유예할 수 있고 한국처럼 세율이 아주 높지 않기 때문에 큰 부담으로 느껴지지 않는다. 집을 팔고 싶은데 양도세 때문에 못 팔아서 수익 실현을 하지 못하거나 자녀들의 교육 문제로 이사를 하고 싶은데, 가지 못하는 소유주들에 대한 뉴스를 보며 나는 머리를 갸우뚱거렸다. 그리고 훗날 한국에 있는 내 부동산을 처분하면서 그 뜻을 알게 되었다.

한국의 기본 양도세율은 6~45%이다. 다주택자는 기본세율에서 추가 세율이 붙는다. 2주택은 기본세율에서 20%가 더 붙고 3주택자에게는 30%가 더 붙는다. 시세차익이 10억 원이고 3주택자면 기본세율 45%에 추가 세율 30%가 붙으니 75%를 양도세로 내는 것이다.

반면 미국에서는 2년 실거주 시 부부합산 양도차익 50만 달러(원화로 약 7억 원)까지는 양도세를 면제해준다. 그렇지 않은 경우는 1년 이상 보유 시 시세 차액에 따라 0~20%의 양도세를 부과한다(참고로 '면제'는 '공제'와 차이가 있는데, '면제'란 납세의무 전액을 면해주는 것이며, '공제'란 과세소득을 줄여주는 것을 의미한다).

또한 기존 부동산을 처분 후 6개월(180일) 안에 기존 부동산과 같거나 높은 가격으로 새 임대용 부동산을 구매하면 양도세가 연기가 된다. 이게 바로 "1031 익스체인지"이다.

증여세 및 상속세

증여세는 살아생전 재산을 주었을 때 나오는 세금이며, 상속세는 사망 후 재산을 남기면 납부해야 하는 세금이다. 미국에서는 증여/상속액 약 150억 원, 부부합산 약 300억 원까지 증여/상속세가 없다.

한국의 증여/상속세는 최고세율 50%이다. 공제금액이 있긴 하지만 미국에 비하면 현저히 낮다. 배우자로부터 증여나 상속받는 경우 6억 원까지, 자기 혈족이나 부모 같은 직계존속의 경우 5,000만 원을 공제받을 수 있다. 그럼 미국은 어떨까? 일단 부부 사이의 증여/상속은 세금이 없다. 부부는 하나라는 개념 때문이다. 그리고 2023년 기준 매년 1만 7천 달러까지는 세금이 없다.

여기서 기억할 건 이 면제 금액은 증여받는 사람에 한해서다. 1만 7천 달러를 친구한테 주고 또 1만 7천 달러를 자녀한테 증여할 수 있다는 얘기다. 받는 사람과 주는 사람의 관계는 상관없다. 피를 나눴든지 생판 남남이든지 그건 상관이 없다.

매년 면제 한도에 대해 평생 면제 한도가 있는데 2022년 기준 1,292만 달러, 즉 원화로 약 160억 원에 비과세가 적용된다. 부부합산 약 320억 원에 비과세가 적용되는 것이다.

예) 30억 5,000만 원 증여 시 세금 비교

참고) 한국에서는 증여를 받은 사람이 세금을 내지만, 미국에서는 증여를 하는 사람이 세금을 내야 한다.

30억 원 증여/상속 시 한국과 미국의 증여/상속세 비교 ─────────────

한국	미국
5,000만 원 비과세	1,292만 달러(약 160억 원) 비과세
30억 원 증여에 대한 구간별 증여세 (누진세 적용 10억 4,000만 원 증여세 부과)	증여세, 상속세 없음

물론 여기서 주의할 게 있다. 자산이 위치한 나라와 증여하는 사람과 받는 사람의 국적 등에 따라 각국 나라의 세금 부과가 달라진다. 예를 들어 모두 미국 국적이고 자산이 미국에 위치한다면 미국에서 증여/상속세가 부과되고 한국에서는 비과세로 적용이 된다.

그러므로 다음의 표를 참고하고 전문가의 조언으로 자산 계획을 세우길 바란다. 또한 위의 설명한 세율은 연방 세율이다. 즉, 연방정부(Federal Government)에 내는 세금이다.

주에 추가로 내는 증여/상속세는 있을 수 있다. 예를 들어 뉴욕과 뉴저지에서는 증여세는 없지만, 상속세는 있다. 뉴저지의 경우에는 상속받는 이가 직계존속이 아닌 경우 상속세가 부과된다. 이에 비해 캘리포니아와 플로리다는 증여/상속세가 존재하지 않는다. 재산이 상당한 연예인들이나 정/재계 인사들이 캘리포니아에 투자를 많이 하는 이유가 여기에 있다.

2017년부터 한국에서는 해외에 위치한 자산들에 관해, 수증자 대신 증여자가 세금을 납부하도록 법이 바뀌었다. 미국 세법상 거주자인 경우(영주권자, 시민권자, 세법상 거주자)는 통합세액공제를 이

증여·수증자 국적 및 재산 소재지별 과세 사례 ─────

증여자	수증자	재산 소재지	미국 증여세	한국 증여세
미국	미국	미국	과세	비과세
미국	미국	한국	과세	과세
미국	한국	미국	과세	과세
미국	한국	한국	과세	과세
한국	미국	미국	과세	비과세
한국	미국	한국	비과세	과세
한국	한국	미국	과세	과세
한국	한국	한국	비과세	과세

용할 수 있는데 2023년 기준 평생 약 160억 원, 부부합산 320억 원까지는 증여세와 상속세를 신경 쓸 필요가 없다.

하지만 세법상 미국 비거주자인 경우 이 통합세액공제를 사용할 수 없으며, 증여를 하는 경우 연간 증여세 면제액인 증여자 1인당 각 수증자에 대한 17,000달러만 면제를 받을 수 있고 상속세 같은 경우 미국에 위치한 자산이 6만 달러를 넘는다면 상속세 신고를 해야 하며 6만 달러를 넘는 금액에 대해 30~40%의 세금을 내야 한다.

한국은 집값을 잡는다는 명목으로 자유시장 체제에 놔둬야 할 부동산 시장을 건드렸고 시장은 각종 규제로 인해 오히려 피를 흘리고 있다. 집값이 천정부지로 치솟고 실수요자들이 피해를 보았다. 좁은 땅을 조정/비조정 지역으로 나눠 세금을 거둬들이고 대출 규제까지 하니 그 부작용은 예상되는 결말이었다.

한국에서 부동산 관련 세금으로 국민들이 낸 세금이 최초로 100조 원이 넘었다고 한다. 최근 5년 동안 세금만 2배가 높아졌다고 한다.[2]

정부가 만들어낸 다양한 규제들과 그로 인한 국민들이 짊어진 높은 세금 부담, 그게 현재 한국 부동산의 실정이다.

미국은 한국과 달리 규제가 없다. 물론 미국 부동산 시장의 수요와 공급이 균형이 심하게 맞지 않을 때 금리 인상으로 균형을 맞춰보는 시도는 있겠다.

하지만 대출 규제나 조정/비조정 지역으로 땅 나누기와 다주택자나 외국인 투자자들을 상대로 한 규제가 전혀 없다. 취득세, 양도세 중과도 물론 없고 외국인도 얼마든지 대출이 가능하다. 규제가 없기 때문에 자유로운 시장 체제에서 다른 경쟁자들이랑 공평하게 경쟁하고 자신을 증식시킬 수 있다.

---

2) 문영진 기자, 〈급등한 종부세, 재산세에⋯ 지난해 낸 부동산 관련세금 100조 넘었다〉, 파이낸셜 뉴스, 2022.9.29, https://www.fnnews.com/news/202209290800447422

한국은 부동산 투자자들에게 세금을 걷어가지만, 미국은 실거주자나 임대업자에게 다양한 세금혜택들을 주고 있다. 그만큼 부동산 소유를 권장하고 임대업자들의 부동산 공급을 장려한다고 볼 수 있다. 미국에서 다주택자들은 공공의 적이 아니며 부동산을 공급한다는 가정하에 많은 혜택을 주고 있다.

대표적인 혜택으로는 주택담보대출 이자 공제에 있다. 실거주 시 융자 금액 75만 달러에 대한 이자가 소득공제가 되며 임대 시 모든 이자를 공제할 수 있다. 예를 들어 한 해에 임대소득(Rental Income)으로 5,000만 원이 발생했다고 치자. 그리고 대출이자가 2,500만 원이라면 이 부분을 공제하고 내 소득은 2,500만 원이 되는 것이다. 그만큼 세금으로 잡히는 소득이 줄어드는 것이다.

또한 해당 주택에 2년 이상 실거주를 하면 부부합산 50만 달러까지 양도세가 면제되며 임대용 부동산 같은 경우 1031 익스체인지라는 세법으로 양도세를 내지 않고 미룰 수도 있다.

이뿐만 아니다. 임대업자들에게 주는 감가상각이라는 미국 정부의 최고의 선물이 있다. 주거용 건물은 27.5년 동안 그리고 상업용 건물은 39년 동안 감가상각을 할 수 있다. 감가상각 또한 내 과세소득을 줄여줄 수 있는 최대 이점을 제공한다.

예를 들어보자. 만약 10억 원에 뉴욕에 주거용 빌딩을 구입했다고 하자. 그리고 연 1억 원 상당의 임대소득을 얻었다고 치고,

비용은 5,000만 원이 발생했다고 치자(대출이자, 수리 비용 등). 그리고 건물 가격을 27.5년으로 나누면 내 감가상각 비용을 확인할 수 있다. 임대소득에서 이 모든 비용을 빼고 감가상각 비용을 빼면 그게 내 과세소득이 되는 것이다.

단 여기서 주의해야 할 점은 임대용이나 상업용 부동산만 감가상각이 적용된다는 사실이다.

> 1억 원(임대수익) − 5천만 원(운용비용) − 3600만 원(감가상각비용)
>
> = 1400만 원(과세소득)
>
> 1,400만 원이 내 소득으로 잡히고 여기에 대한 소득세만 납부하면 된다.

또한 재산세도 공제가 되는데 실거주 시 부부합산 1만 달러까지 임대용 부동산 같은 경우 모든 금액이 공제된다.

이 밖에 건물을 운영하며 사용한 신용카드 이자부터 수리 비용, 직원 고용, 보험, 변호사나 회계사 비용까지 모두 공제할 수 있으니 그만큼 세금 낼 게 낮아지거나 없어지는 게 대부분이다. 이러니 미국 부동산 임대업자에게 미국이 세금 천국이라는 말이 나올 수밖에 없는 것이다.

환율차익으로 인한 높은 수익

한국에서 미국 부동산에 투자하는 분들에게 제일 좋은 시나리오는 아래와 같은 상황일 것이다. 저환율에 부동산을 구입하고 고환율에 쭉 임대료를 받으며 고환율에 파는 것이다.

하지만 이런 완벽한 시나리오를 신이 아닌 이상 만들어내기는 힘든 것도 사실이다. 미국은 현재 강달러로, 이에 따라 전 세계가 신음하고 있다. 오히려 미국 현지 사람들은 강달러 이점을 이용해 다른 나라들을 여행하며 즐기고 있는 것도 사실이다.

웬만하면 다른 나라의 화폐보다 가치가 떨어지지 않으며 강달러일 때는 추가 이익까지 생길 수 있는 달러를 계속 만들어 낼 수 있는 미국 부동산을 소유하고 있다면 어떨까?

2022년 기준 비용 모두 빼고 2천 달러만 한국으로 가져와도 원화로 약 300만 원이 떨어진다. 특히 뉴욕 원룸 월세가 500만 원까지 치솟았는데 강달러일 때 수익 창출도 한국 투자자들에게는 매력으로 다가올 것이다.

현저히 낮은 부동산 가격

"티끌 모아 티끌"이라고, 언제 돈을 모으고 돈을 벌 수 있을까? 1980년대 보통 은행 예금 금리는 연 20% 정도였다. 은행에 5,000만 원만 넣어 놓아도 1년에 이자 1,000만 원을 벌 수 있었다. 1990년대에는 연 15%로 낮아졌다.

드라마 〈응답하라 1988〉의 택이 아버지는 이자가 너무 낮아졌다면서 분노를 터뜨렸다. 1%도 안 되는 예금 금리의 시대에 살고 있던 우리로서는 전혀 이해가 가지 않는다. 요즘 들어 최고 4% 후반대로 넘어갔으니 말이다.

덕선이 아버지는 택이 아버지에게 택이의 우승상금 5,000만 원으로 은마 아파트를 구입하라고 한다. 현재 은마 아파트 시세는 약 24억 원이다. 미국에서라면 큰 저택을 살 수 있는 금액이며 방 12개에 욕실 5개의 다세대 건물을 구입할 수 있는 금액이다. 그럼 월세만 적어도 2,000만 원 이상을 받을 수 있는데 말이다.

한국의 평균 연봉은 3,744만 원이라고 한다. 월 예상 실수령액은 약 277만 원이다. 요즘 대한민국 물가는 어떤가? 장 보러 한번 나갔다 오면 충격받아 돌아온다. 이래저래 돈 아껴가며 허리띠를 졸라매며 매달 100만 원을 저축했다고 하자. 200년 전, 조선후기 때부터 매달 100만 원씩 모아야 지금의 은마 아파트를 구입할 수 있다.

서울 마포에서는 국민 평수 30평이 이틀 만에 거의 5억 원이 올랐다고 한다. 현재 23억 원에 거래가 되고 있다. 2022년 기준 서울 전 지역이 조정 대상 지역이니 대출도 얼마 나오지 않았다.

대출이 나온다고 해도 대출 원금 갚느라 허리만 휘어지고 팔 때 양도세로 한 번 더 허리가 꺾인다. 티끌 모아 티끌이다. 티끌 모아 태산 절대 못 이룬다. 태산을 이루려면 고조선 시대부터 모아야 했고, 모은다고 해도 티끌은 너무 가벼워 쉽게 날아간다.

미국은 다르다. 한국에 비해 주택 가격이 현저하게 낮다. 현재 뉴욕주 평균 집 가격은 41만 달러이다. 원화로 약 5억 원이다. 약

5억 원에 큰 평수의 집을 뉴욕에서 살 수 있다. 또한 미국은 전세가 없으므로 월세를 줄 수 있으며 미국 월세, 특히 뉴욕 월세는 눈이 휘둥그레질 정도로 높다. 뉴저지도 딱히 다르지 않다.

잘 바뀌지 않는 부동산 정책

한국은 지난 정권 동안 부동산 정책이 거의 30번 정도 바뀌었다고 한다. 세무서에 찾아가도 지속해서 바뀌는 세법으로 인해 직원들도 뭐가 뭔지 모르는 경우가 많았으며 세무사들도 혼란스러워하는 건 마찬가지였다.

부동산 투자자로서 어느 정도 시장 예측이 불가피한데(완벽하게 예측은 불가능하지만), 시도 때도 없이 바뀌는 정책들로 인해 자산을 계획하고 전략을 세우는 데 어려움이 많은 것도 사실이다.

정책이 바뀌고 정권이 바뀔 때마다 어느 장단에 춤을 춰야 할지 모르겠다. 중모리장단인지 휘모리장단인지 뭐가 판단이 서야 하는데 헷갈리기만 한다, 그래서 난 한국에 있는 부동산을 모두 정리했다.

미국은 한국과 달리 부동산 정책이 잘 바뀌지 않으므로 예측 및 계획을 하는 데 용이하다. 1031 익스체인지 같은 부동산 관련 세법은 생긴 지 100년이 되었고 바뀐 적이 없다. 다른 부동산 관련 법도 마찬가지로 거의 바뀐 적이 없다.

미국은 주에 따라 부동산법 변호사를 의무적으로 선임해서 거래를 진행하도록 법률로 지정되어 있다. 이러한 구매자와 판매자를 대변하는 변호사들이 주택의 상태, 구매자의 판단에 영향을 주는 다양한 사안들, 소유권, 계약조항 등 모든 관련 사항을 조사하고 협의하는 과정에서 좀 더 합리적인 주택 매매가격을 형성할 수 있고 부동산 사기를 사전에 차단하게 된다.

또한 부동산 거래가 완료될 때까지 에스크로(Escrow) 회사나 에스크로 에이전트가 개입해서 구매자의 돈이 판매자에게 바로 전달되지 않고 안전하게 자산이 관리된다.

예를 들어 양측의 변호사들이 5억 원에 주택 가격을 합의했으면 구매자의 돈 5억 원은 에스크로 계좌(Escrow Account)로 들어간다. 클로징이라는 부동산 거래의 최종 단계, 한국으로 치면 잔금 치르는 날에 필수절차들이 마무리되면 매매자들이 서류에 서명을 하고, 그 시점에 에스크로 계좌에 있던 5억 원이 판매자의 계좌에 최종 입금되는 시스템이다.

한국에서는 부동산 사기를 방지하기 위해 확정일자를 받아야 하는 등 번거로움이 있지만, 미국에서는 에스크로 회사를 통해 이러한 문제를 해결할 수 있으며 일반적으로 서부에서는 에스크로 회사가, 동부에서는 변호사가 그 역할을 이행하고 있다.

그리고 미국에는 타이틀 서치라는 게 있다. 타이틀 회사나 변호사가 직접 타이틀(한국의 등기부등본과 같다)을 조사해서 소유권에 문제가 있는지, 실소유자가 맞는지, 근저당권 설정 여부, 세금 미납 여부 등을 조사한다.

모두 철저하게 확인 후 아무 문제가 없으면 타이틀 보험이 나오고 훗날 소유권 관련 문제가 발생 시 보험으로 처리할 수 있어서 더욱 안전하고 확실하게 보호받을 수 있다.

마지막으로 위에 간단하게 설명했지만, 에스크로에 대해 한 번 더 다뤄보고자 한다. 미국은 한국과 달리 판매자와 구매자가 돈이 직접 왔다 갔다 하는 게 아니라 에스크로 에이전트, 즉 변호사나 에스크로 회사 같은 제3자 회사를 통해 전달된다. 네이버 쇼핑을 생각해 보면 더욱 쉽게 이해할 수 있을 것이다.

구매자가 주문하면 판매금액은 네이버 회사에 간다. 네이버는 구매자가 물건을 받았는지 확인 후 판매대금을 판매자에게 전달한다. 미국도 마찬가지다. 변호사나 에스크로 회사가 계약금 및 잔금을 맡아 두고 있다가 마지막에 전달한다.

아마 그런 분도 있을 것이다. "그럼 변호사가 사기를 치면 제 돈은 어떻게 하나요?" 걱정할 필요 없다. 변호사들은 매년 소속되어있는 주의 변호사 협회에 수수료를 내야 하는데 일부가 피해자들 손해 배상 용도로 쓰인다. 변호사 협회에서는 자신의 변호사들의 과오나 의도적인 행동으로 피해를 본 피해자들을 보상하며 해당 변호사에 대해 처분을 한다.

그러니 걱정할 필요 없다. 우리 미국 변호사들의 면허증의 가치는 그보다 더 크다. 내가 대표로 있는 (주)다부연은 그동안 현지 변호사로 인한 문제들이 전혀 없었으며 훗날 생길 경우 내가 직접 협회를 통해 피해를 본 투자자의 손해 배상 절차를 밟을 테니 말이다.

이런 안전한 절차로 인해 전 세계 투자자들이 미국 부동산에 투자하는 것이며 투자자들은 체계적인 법률 시스템 속에서 안전하고 정확한 거래를 할 수 있다. 특히 변호사가 개입해야 하는 동부에서는 말이다. 하지만 미국 부동산에 대한 지식이나 경험이 전무한 사람들이 다음의 2가지 이유로 좋은 기회를 놓치고 있다.

1. 해보지 않은 투자방법에 대한 위험성이나 두려움으로 인해 투자를 망설이기만 하다가 좋은 기회를 날린다.
2. 투자를 결심해서 부동산을 구입한다고 하더라도 변호사나 에스크로 회사 등 많은 사람이 개입되고 그 밖의 한국과 다른 생소하고 어려운 차이점들로 인해 투자를 포기하거나, 투자를 한다고 해도 한국의 매매 방식을 고집하여 실수를 저지르기도 한다.

꼭 기억해야 할 사항이 있다. 미국 부동산에 대한 제대로 된 이해와 꾸준한 공부가 뒷받침된다면, 같은 돈으로 한국에서 투자하는 것에 비해 훨씬 더 큰 수익을 올릴 수 있다. 한국에서 그 자본으로 투자했다면 미국에서의 10분의 1도 벌 수 없었을 것이다.

고환율, 고금리, 고물가 3종 위기 세트···. 미국 부동산 시장은?

결국 시장은 다시 살아난다

고환율, 고금리, 고물가 3종 위기 세트로 전 세계 사람들이 불안함에 떨고 있다. 특히 한국은 화폐 가치가 다른 나라에 비해 급격하게 하락해서 더욱 국민들의 근심이 크다. 미국에 자녀들을 유학을 보내놓은 부모들이나 미국 부동산에 투자하고자 하는 투자자들도 하루하루 급격하게 치솟고 있는 환율에 불안을 금치 못하고 있다.

언론은 고금리/고물가인 미국도 경제가 무너지고 부동산 시장도 침체할 것이라는 보도를 끊임없이 내놓고 있고 전문가들도 의견이 반반으로 팽팽하게 갈렸다. 어느 쪽이 맞는 것일까? 다시 서브프라임 모기지 사태가 오는 것일까?

(주)다부연의 투자자들은 관망세에 있다. 미국 부동산도 고금

리, 고물가로 구매자들의 구매력이 낮아지면서 매매수요가 줄어들고 그에 따라 가격이 하락하고 있는 지역들이 나타나고 있다. 투자자들은 이번 하반기나 내년 상반기에 투자 기회가 생길 것으로 생각하고 있다. 나도 같은 생각이다.

많은 전문가는 물론 내 생각은 이렇다. 2023년 미국 부동산 시장은 시장 붕괴가 아닌 가격 조정에 들어가고 있다고 생각한다. 계속되는 주택 공급 문제와 더불어 부동산 소유주들의 높은 순자산, 더욱 철저해진 대출 승인 과정 등으로 인해 서브프라임 사태와 같은 상황은 벌어지지 않을 것이라는 게 전문가들의 입장이다. 미국 전체적으로 대략 5% 정도 가격 하락이 있을 것으로 예측하며 지역에 따라 오히려 가격이 오르는 곳들도 있을 것으로 예상한다.

특히 주민들의 중간 소득에 비해 부동산 가격이 많이 오르지 않은 지역들을 중점적으로 말이다. 부동산 시장이 붕괴가 되면 일반적으로 부동산 가격이 20~30%는 하락해야 하며 매매 수요도 지금보다 더 떨어져야 하는데 현재 상황은 그런 흐름을 보이지 않고 있다. 차압 매물들도 팬데믹 이전보다 낮은 레벨로 유지되고 있고 말이다.

또한 리쇼어링(생산시설이 다시 자국으로 돌아오는 현상)으로 인해 선벨트 지역들의 부동산 시장이 다시 떠오르고 있다. 선벨트에는 텍사스주, 조지아주, 노스캐롤라이나주 등이 있는데 많은 기업이 이 지역들로 이동하고 있다. 이동 중인 한국 기업 중에는 삼성전자와 SK 그룹, 현대자동차, LG 등이 있다.

그리고 미국 대선 때문에 조만간 금리를 내리지 않을까 싶다. 경기가 너무 침체가 되면 내년 대선 표심을 잃을 수 있기 때문이다. 경기 침체는 미국 정부도 연준도 제일 두려워하는 부분이다. 그러니 양적완화는 불가피하다는 점이 내 생각이고 많은 전문가의 의견이다. 그러면 다시 부동산 시장에 활기를 불어넣을 것이고 말이다.

미국 부동산 시장이 무너지고 경제가 몰락하면 세계 시장도 함께 무너질 것이기 때문에 베팅을 미국에 걸겠다는 게 많은 투자자의 생각이다. 한국은 이미 각종 정책으로 부작용을 너무 심하게 겪고 있고 이를 해결하기 위해서는 너무나 많은 시간과 에너지가 필요할 것이라는 게 투자자들의 생각이다.

이럴 바에는 안정적이고 높은 수익률의 미국 시장에 투자하고 한국 시장은 좀 지켜봐야 할 것이라는 게 이들의 입장이다. 거기에 1031 익스체인지 및 각종 세금혜택들이 많고 미국 국내 투자자들뿐 아니라 유럽 등 전 세계에서 부동산 투자를 하는 나라이므로, 부동산 시장이 완전히 가라앉거나 무너질 일은 없다고 본다.

여기에서 주의할 점이 있다. 숫자들이 말해주는 진실들을 잘 파악하고 지역을 잘 골라 투자해야 한다. 한국에서도 '아실'이나 '부동산 지인', '한국부동산원'을 통해 미분양이나 입주 물량 매매가격지수 등을 확인할 수 있듯이 미국도 마찬가지다.

미국은 나라가 크고 주마다 흐름도 다르고 부동산법이나 세법이 다르기 때문에 한국처럼 한곳에서 모두 살펴보기에는 어렵다. 하지만 방법만 터득하면 지역의 다른 흐름 및 변동 그리고 시장 근황을 확인하고 전략을 세울 수 있다.

현재 지역마다 다른 가격변동과 시장의 흐름을 보인다. 한국도 마찬가지겠지만 미국은 지역마다 시장의 차이가 급격하게 많이 나기 때문에, 지표들을 계속 확인하며 흐름을 잘 파악하고 전략을 잘 세워야겠다.

예를 들어 2022년 하반기 기준 뉴저지의 버겐카운티 지역은 한인 밀집 지역인데 매매 수요는 약 20% 정도 감소했지만, 주택의 중간가격은 오히려 상승했으며 매물이 시장에 나와 있는 기간도 줄어들었다. 또한 높은 경쟁으로 인해, 50% 이상이 처음 등록된 매물가격보다 높은 가격으로 매매가 이루어지고 있다.

위에서도 설명했듯이 엄격해지고 까다로워진 대출 절차로 인해서, 소유주들은 거의 신용도가 높은 사람들이 대부분이며 에쿼티, 즉 집에 깔린 순자산 금액도 꽤 높은 편이다. 팬데믹 때 대부분 낮은 금리로 재융자를 진행해 놓았으며 거의 고정 이자로 융자받아 놓았다.

현재 임대용 부동산 같은 경우에는, 높아진 금리로 사람들이 월세시장으로 몰려서 임대수요가 상승했으며 임대료도 급격히 상승했다.

그런 이유로 소유주들이 이 기간을 버틸 수 있는 상황이며 예전 리먼 브라더스 파산으로 인한 서브프라임 모기지 사태처럼 시장이 무너질 가능성이 거의 없다는 사실이 내 의견이기도 하고 많은 전문가의 생각이기도 하다. 또한 이 전에 설명했듯이 2024년에 있을 대선의 표심을 위해서라도 2023년에는 현 정권에서 경기를 살리려고 할 것을 기억하기를 바란다.

직접투자 vs. 현지법인 투자?
과연 어떤 방식으로?

현지법인 투자로 증여자금을 늘리자

투자자들에게 제일 많이 듣는 질문 같다. 어떻게 미국 부동산을 취득해야 하는지인데 개인으로 그냥 구매할지, 한국법인으로 구입할지, 현지법인을 설립해서 구입할지 궁금해한다.

미국의 소송 문화 때문에 개인 자산을 보호하고 세금혜택을 누릴 수 있는 현지법인, 특히 유한책임회사(LLC, Limited Liability Company)**3)**를 통해서 구입하는 게 좋겠지만 모두 다 꼭 그런 건 아니다. 자신의 투자 목적에 따라 달라질 수 있으므로 꼭 세무사나 변호사와 상의 후 결정하기를 바란다. 먼저 개인이나 국내법인으로 취득하는 경우를 설명하겠다. 부동산 매매금과 취득 관련

---

3) 회사의 주주들이 채권자에 대하여 자기의 투자액의 한도 내에서 법적인 책임을 부담하는 회사를 말한다.

비용을 모두 한도 제한 없이 송금할 수 있다.

허나 사전 신고를 통해 매매 금액의 10%까지 계약금으로 먼저 송금이 가능하며, 후에 매매 계약서를 제출하면 나머지 금액을 송금할 수 있다. 사전 신고 수리받은 후 3개월 이내 정식 수리를 하지 않으면 미국으로 송금된 금액을 국내로 다시 반환해야 함을 명심해야 한다.

또한 주거용 부동산만 배우자와 공동명의가 가능하며 임대용 부동산은 단독 명의만 할 수 있다. 임대용 부동산을 취득 시 해외 직접투자 신고로 진행해야 하며 주거목적으로 구매 시 2년 이상 미국에 거주한다는 증빙서류를 제출해야 한다. 장기체류비자 등을 제출하면 된다.

부동산 취득 비용을 송금 후 3개월 이내에 부동산등기부등본 또는 소유권 등기를 확인할 수 있는 서류를 제출해야 한다. 국내 법인으로 구매하는 경우, 2년마다 부동산을 보유하고 있다는 증명서류를 제출해야 하며 매년 법인 결산자료도 은행에 제출해야 한다. 부동산을 팔거나 용도를 변경하는 경우 해외부동산 처분/변경서를 3개월 이내 제출해야 한다.

필요한 서류는 여러 가지가 있는데 일반적으로 은행양식과 매매계약서, 부동산 감정평가서와 부동산등기부등본, 납세증명서와 주민등록등본, 부동산담보대출 관련 서류 등이 필요하다. 은행양식 서류인 거래외국환은행지정 신청서나 해외부동산 취득 신고서는 해당 은행 직원이 안내해주고 기재하는 걸 도와주니 그

거래외국환은행 지정(변경) 신청서

지정인 성명(상호) :　　　　　(인)　　　주민등록번호(사업자등록번호) :
　　　주 소 :　　　　　　　　　　　　전화번호 :
대리인 성명 :　　　　　　(인)　　　주민등록번호(사업자등록번호) :
　　　주 소 :　　　　　　　　　　　　전화번호 :
(해외교포여신취급국외금융기관명 :　　　　　　　　　　　　　　　　)
아래 항목에 대하여 귀행을 거래 외국환은행으로 지정(변경)하고자 하오니 확인하여 주시기 바랍
니다.

거 래 항 목	거 래 항 목
( ) 1. 거주자의 지급증빙서류 미제출 지급(연간 미화 5만불 이내 자본거래 신고예외 포함) (제4-3조제1항제1호, 제7-2조제8호) - 금년 중 송금누계액(변경전 거래외 국환은행의 확인) : US$	( ) 57. 해외교포 등에 대한 여신 관련 원리금 상환 보증, 담보제공 등(제7-18조제3항)
	( ) 59. 해외직접투자를 하고자 하는 자(제9-5조)
	( ) 61. 거주자의 해외예금(제7-11조제2항)
( ) 2. 해외체재비(제4-5조제2항)	( ) 62. 비거주자의 국내증권 발행 (제7장 제5절 제2관)
( ) 8. 외국인 또는 비거주자의 국내보수, 소득 또는 연금 등의 금액 지급 및 연간 미화5만불 이하의 지급(제4-4조제1항 제3호, 제2항)	( ) 63. 재외동포 국내재산반출(제4-7조)
	( ) 71. 거주자의 외화자금(외국인 투자기업의 단기 외화자금 포함) 차입 및 처분(제7-14조)
( ) 9. 거주자 등의 대북투자 (재경원고시 1995-23. 95.6.28)	( ) 72. 북한에 관광비용을 지급할 관광사업자 (재경부 고시 외관 41271-270.98.11.12)
( ) 13. 현지금융을 받고자 하는 자 등(제8-2조)	( ) 75. 해외이주비(제4-6조)
( ) 14. 해외지사 설치, 영업기금, 설치비, 유지 활동비 지급 및 사후관리(제9장제2절)	( ) 76. 거주자의 자금통합관리(제7-2조)
	( ) 77. 거주자의 원화자금 차입 및 처분(제7-15조)
( ) 16. 환전영업자(제3-2조제4항)	( ) 78. 거주자의 해외 부동산의 취득 및 매각 (제9-39조제2항)
( ) 32. 국내지사의 설치 영업자금 도입 및 영업수익 대외송금(제9장 제3절)	( ) 79. 거주자의 연간 미화5만불 이하 자본거래 영수 (제7-2조제9호)
( ) 33. 상호계산 실시업체(제5-5조)	
( ) 53. 거주자의 외화증권발행(제7-22조제2항)	

변경전 지정거래외국환은행의 경유확인:	은행　　　　　장(인)	
위 신청을 지정(변경지정) 확인함 은행부(점)장(인)	지정확인번호	
	지 정 일 자	20 .

출처: 우리은행

리 걱정할 필요는 없다.

이번에는 현지 부동산을 통한 취득에 대해 알아보겠다. 미국은
소송이 빈번하게 일어나는 나라이기 때문에 개인 자산을 보호하

기 위해서는 법인 취득이 더 나을 수도 있다. 현지법인으로 투자 시 공동투자가 가능하기 때문에 자녀들의 증여자금을 늘리는 용도로 이용할 수 있다. 현지법인의 지분을 공동으로 소유한 주주가 배우자 혹은 자녀일 경우 공동소유를 인정한다.

송금 한도는 법인 설립 자본이기 때문에 투자자가 원하는 만큼 자금을 넣을 수 있다. 금액 제한은 없다. 미국 세법을 따라가기 때문에 1031 익스체인지를 이용해 양도세도 미룰 수 있고 사후관리도 매년 법인 결산자료만 제출하면 될 정도로 간단하다.

제출 서류도 간단하다. 일반적으로 해외직접투자 신고서와 사업계획서, 사업자 등록증과 신용정보조회서, 납세증명서 등이 필요하다.

미국 부동산 직접취득과 현지법인 취득 비교

	직접취득(개인, 한국법인)	현지법인 취득
외국환 신고	해외부동산 취득 신고	해외 직접투자 신고
송금시점	부동산 매매 계약 후	법인 설립 이후 (부동산 구매 계약 이전)
송금한도	부동산 매매 대금 및 관련 비용	법인 설립 자본금
사후관리 의무	부동산 보유 여부 증빙 및 변경이나 처분 시 신고 의무	매년 법인 결산 자료 제출
공동투자	불가능	현지법인 지분투자 공동투자 가능

출처: 우리은행 https://post.naver.com/viewer/postView.nhn?volumeNo=27861092&memberNo=38946978

해 외 직 접 투 자 신 고 서(보고서)

					처리기간

신고인(보고인)	상 호			사업자등록번호	
				법인등록번호	
	대 표 자		(인)	주민등록번호	
	소 재 지			전화번호 :	
	업 종				

해외직접투자내용	투 자 국 명			소 재 지(영문)	
	투 자 방 법	□증권투자 □대부투자		자 금 조 달	□자기자금 □기타
	투 자 업 종 (표준산업분류코드)	( )		주 요 제 품	
	투자금액(취득가액)			출자금액(액면가액)	
	투 자 비 율			결 산 월	
	투 자 목 적				
	현 지 법 인 명(영문)			(총자본금 :)	
	사후관리 (증권/채권 취득보고)기일 통지 신청 ※개인 및 개인 사업자 限		□ SMS □ E-mail □ 미신청		

외국환거래법 제18조의 규정에 의거 위와 같이 신고(보고)합니다.

년 월 일

외국환은행의 장 귀하

위와 같이 신고(보고)되었음을 확인함	신 고 번 호	
	신 고 금 액	
	유 효 기 간	

피신고(보고)기관 : 외국환은행의 장

210mm×297mm

첨부서류〉 1. 사업계획서(자금조달 및 운영계획 포함)
2. 합작인 경우 당해 사업에 관한 계약서
3. 외국환거래법 시행령 제8조제1항제4호에 규정한 금전의 대여에 의한 해외직투자인 경우에는 금전대차계약서
4. 해외투자수단이 해외주식인 경우,당해 해외주식의 가격적정성을 입증할 수 있는 서류
 ※ 업종은 통계청 한국표준산업분류표상 세세분류코드(5자리) 및 업종명을 기
 ※ 출자금액란에는 액면가액과 취득가액이 상이한 경우 액면가액을 기재

출처: 우리은행

사 업 계 획 서

□ 증권투자(1.신규투자 2.증액투자) □ 대부투자 □ 제재기관 보고후 사후신고

1. 투자자 현황

상호 또는 성명		설 립 연 월 일	
소 재 지(주 소)			
투 자 자 규 모	□ 대기업 □ 중소기업 □ 개인사업자 □ 개인 □ 기타(비영리단체 등)		
투자자 법인성격	□ 실제영업법인 □ 특수목적회사(SPC)[1]		
외국인투자기업[2] 여 부	□ 아니오	□ 예 - 최대주주명: (지분율: %)[3] - 최대주주 소속 국가 :	
총 자 산	백만원	자기자본(자본금)	( )백만원
업 종 (제 품)		담당자 및 연락처	

주) 1. SPC는 고용, 생산활동 및 물적 실체가 거의 없으며, 자산·부채는 타국에
      대한 또는 타국으로부터의 투자로 구성되고 해외직접투자자에 의해 관리되
      는 법인임
   2. 외국인투자기업은 외국투자자가 외국인투자촉진법에 의해 출자한 기업임
   3. 지분율이 50%를 초과할 경우 최대주주의 최대주주 소속국가:_____
      및 최대주주명:_____(지분율: %)

2. 현지법인 현황

법 인 명		대 표 자		
법인형태	□법인 □개인기업 □기타 □ 해외자원개발사업 (□법인설립 □법인미설립)	설립(예정)일	년 월 일 □자본금 미납입	
총자본금		종업원수	한국인: 명, 현지인: 명	
투자형태[1]	□ 단독투자 □ 공동투자 □ 합작투자(지분율: %)			
주투자자 내역	상호		사업자번호	
	대표자명		법인등록번호	
법인성격	□ 실제 영업법인 □ 특수목적회사(SPC) -최종 투자목적국: -최종 투자업종:	설립형태	□ 신설법인 설립 □ 기존법인 지분인수 -지분인수비율: % (구주: %, 신주: %)[2]	
지배구조	□ 비지주회사 □ 지주회사(자회사수: 개, 주된 매출 자회사 업종:)			
투자목적 (택 일)	□ 자원개발 □ 수출촉진 □ 보호무역타개 □ 저임활용 □ 선진기술 도입 □ 현지시장 진출 □ 제3국 진출			

주) 1. "공동투자"는 국내투자자와 공동으로 투자하는 경우를 말하며, "합작투

출처: 우리은행

세법상 한국 거주자는 국내뿐만 아니라 해외에서 발생하는 소득에 대해서도 한국에 소득 신고를 하고 소득세를 내야 한다. 물론 직접 취득한다고 해도 두 나라에 신고하고 미국에서 세금혜택을 모두 받은 후 세금을 내고, 미국에서 낸 세금은 한국에서 공제해주기 때문에 실질적으로 한국에 낼 세금은 매우 낮다.

부동산 투자 후 발생하는 임대수익을 투자자가 바로 한국으로 가져와 사용해야 하는 경우는 직접투자가 유리하다. 그 이유는 법인 설립할 필요가 없고 추가 법인 비용이나 행정비용이 없기 때문이다.

하지만 직접투자는 해당 부동산을 팔면 그 자금을 국내로 반환해야 하므로 1031 익스체인지가 불가능하다. 1031 익스체인지는 기존 부동산을 판매 후 바로 모든 자금을 제3자인 변호사나 회계사 등의 에스크로 계좌에 넣어 놓고 6개월(180일) 안에 새 부동산을 구매해야 한다.

그래야 양도세가 연기가 된다. 매매자금을 한국에 반환할 수가 없기 때문에 직접투자는 1031 익스체인지가 불가능한 것이다. 이뿐만 아니라 공동투자가 불가능하므로 자녀 증여 목적 등에 사용할 수가 없다.

현지법인은 세법상 한국 거주자가 아니라 한국 세법이 적용되지 않는다. 미국에서 발생한 소득이 한국으로 들어왔을 때 그때 소득으로 잡혀 한국에서 소득세를 내야 한다.

그렇기 때문에 매년 수익배당을 하지 않고 장기간 법인 수익을 법인에 놔둘 수 있다면 현지법인 투자가 유리하다. 개인 재산을 보호할 수 있고 부동산을 팔았을 때 한국에 자금을 다시 반환할 필요가 없으니 1031 익스체인지로 양도세도 미룰 수 있으며 공동투자도 가능하다.

　이런 이유로 투자 목적에 따라 선택을 잘해야 한다. 단기적으로 소액 투자를 해서 매달 수익을 한국으로 가져와야 하면 직접투자가 유리할 수 있으며 목적이 장기 투자이고 사업을 해외로 확장하는 데에 목적이 있고 가족과 공동투자 등 증여가 목적이라면 현지법인 취득이 유리할 수 있다. 그러니 꼭 전문가와 상의 후 결정하기를 바란다.

뉴욕/뉴저지 부동산법 변호사가
알려주는 거래 절차

안전장치가 많은 미국 부동산 거래

내가 진행하는 정규과정 또는 일일 세미나, 컨설팅 중 미국 부동산 거래 과정에 관해 설명하면 의뢰인이나 수강생, 참석자들의 짓는 표정이 있다. 바로 경이롭다는 표정이다.

미국 거래 과정은 한국과 달리 무척이나 복잡하고, 많은 전문가가 개입해서 안전하게 거래를 마무리할 수 있도록 돕는다. 그 때문에 한 달에서 석 달, 복잡한 케이스는 그 이상이 걸릴 수 있다. 체계적이지만 복잡하고 성격 급한 한국인들 복장 터지게 오래 걸릴 수도 있으나 안전하고 깔끔하다.

얼마 전 한국에 있는 부동산을 팔았다. 절차를 밟는 중에 법무사의 사무장이라는 분과 내 부동산 중개인만 개입했으며 잔금을 치르는 그 날까지 법무사 얼굴은 한 번도 보지 못했다.

잔금 날을 치르기 위해 준비하던 서류들도 사무장의 부족한 법률 지식과 효율적이지 못한 의사소통으로 계속 문제가 생겨 적잖이 애를 먹었다. 미국, 특히 동부 주들에서는 일어날 수 없는 일들이다.

또한 절차 자체도 말이 안 되는 부분들이 많았다. 잔금 날을 위해 준비해야 하는 서류를 발급받으러 세무서에 찾아갔는데 그 서류를 받으려면 먼저 양도세를 모두 내야 한다고 했다.

아직 잔금도 모두 받지 못했는데 양도세를 모두 내라니 말이 되지 않았다. 이유를 물어보니 법원에서 필요한 서류는 세무서에서 발급받을 수 있었고 세무서는 그 서류를 발급하려면 양도세를 모두 냈다는 증거가 필요하다는 것이다.

내가 외국 국적이라서 그렇다고 하는데 억 단위의 현금을 가지고 있는 사람들이 도대체 한국에 몇 명이 있을까? 울며 겨자 먹기식으로 내고 서류를 받아오긴 했지만 밑을 닦지 않고 화장실을 나온 것 같은 찜찜한 그 기분은 어쩔 수 없었다.

미국도 외국 국적인 투자자들이 부동산을 처분 시 외국인부동산 투자법(FIRPTA, The Foreign Investment in Real Property Tax Act)이라는 법이 적용되긴 한다. 부동산을 팔고 양도세를 내지 않고 자신의 나라로 돌아가는 걸 막기 위한 법이다.

하지만 적용 시기가 다르다. 한국에서는 외국 국적의 판매자가 부동산을 매도하는 경우 잔금을 모두 받기 전에 양도세를 내야 하고 미국에서는 잔금 날 구매자가 총매매액 중 85%만 판매자에게 지불하고 나머지 15%는 세금으로 납부한다. 잔금 날부터 20일 이내에 구매자가 특정 신고양식과 함께 해당 주에 있는 IRS(미국 국세청)에 납부하면 된다. 판매자는 이듬해 세금보고 시 정산 후 돌려받을 수 있다. 그리고 물론 판매자나 구매자나 이 부분에 대해 그 전에 자신들의 변호사에게 안내받는다.

어쨌든 미국은 한국과 너무나 다른 시스템과 거래 절차를 가지고 있다. 아래의 순서도를 보라. 이것도 요약한 것이다. 중간중간에 더 많은 절차, 구매자와 판매자의 이익을 보호하는 안전장치들이 숨어 있다.

미국 부동산 거래절차

이제 하나씩 절차를 살펴보기로 하겠다.

예산 및 신용점수 확인

미국 부동산에 투자하겠다고 결정하게 되면, 제일 먼저 해야 할 일은 자신의 투자 가능한 예산을 검토하는 것이다. 주택담보대출을 받고자 한다면 자신의 신용점수와 소득 등을 체크해서 대출기관에서 얼마 정도 빌릴 수 있을지 확인해야 한다.

그래야 자신의 예산에 맞는 지역 및 매물을 선택하는 데 어려움을 겪지 않는다. 일반적으로 임대용 부동산인 경우 투자자의 개인소득이나 신용거래 내역보다는 해당 임대용 부동산에서 발생하는 임대료를 더 본다.

지역 및 주택형태 결정

자신의 예산에 맞는 지역을 선택해야 한다. 일반적으로 중부나 남동부 도시가 가격이 저렴한 편이다. 요즘 한국인들이 많이 투자하는 곳은 대표적으로 뉴욕, 뉴저지, 조지아, 텍사스, 캘리포니아 등이 있다. 조지아와 텍사스가 나머지 주들보다 부동산 가격이 낮다는 장점이 있으며 텍사스 같은 경우 주에 소득세가 없고 최근에 삼성이 들어가 인기가 많다.

먼저 어느 주로 갈지 선택 후 그 주의 어느 지역에 투자할지 선택해야 한다. 실거주용이라면 입지를 보면 될 것이고 임대용이라면 자신이 대상으로 하는 세입자를 생각해보면 지역을 고르는 데 도움이 될 것이다.

예를 들면 맨해튼 어퍼 웨스트사이드(Upper West Side)는 한국의 판교 같은 곳으로 새 건물들과 한국의 아파트와 유사한 콘도들이 많고 젊은 부부들이 많이 거주한다. 어퍼 이스트사이드(Upper East Side)가 중년의 전통 부자들이 많이 거주하는 지역이라면 어퍼 웨스트사이드는 젊은 신흥 부자들이 많이 사는 지역이다.

뉴저지의 저지시티에서는 맨해튼으로 가는 열차(path train)가 24시간 운행하며 구글이나 맥킨지, 애플이나 아메리칸 익스프레스 같은 큰 회사들이 위치한 곳이라 직원들과 맨해튼으로 대학을 다니는 학생들의 임대수요가 높은 곳이다. 이렇게 자신의 미래 세입자를 염두에 두고 고민해보면 된다.

한국인이 호재라는 말이 있듯이 한국인들이 많이 거주하는 지역이 입지가 좋은 편이다. 학군도 좋고 깨끗하며 범죄율도 현저히 낮아 집값이 빨리 오른다. 그러니 구글이나 네이버 같은 포털 사이트에 한국인들이 많이 거주하는 주, 지역을 검색해보면 아이디어를 얻을 수 있을 것이다.

그다음에는 구매할 주택 형태를 결정하면 된다. 주택의 종류에 따라 이자율이나 실투자 금액이 달라질 수 있으니 잘 고민을 해보고 선택하길 바란다. 예를 들어 이자율은 콘도가 단독주택보다 높은 편이라고 한다. 한국은 아파트 불패라는 말이 있듯이 아파트가 인기가 많다.

하지만 미국은 다르다. 미국은 사생활을 중요시하는 문화 때문에 단독주택을 더 많이 선호한다. 하지만 단독주택은 토짓값도 포함이 되어 있기 때문에 비싼 편에 속한다. 그래서 신혼부부들이나 단독주택을 관리하기 힘들어하는 노인들은 타운하우스나 콘도를 선호한다.

지금부터 하나하나 주택의 형태를 살펴보며 장단점을 알아보겠다. 이에 앞서 상용건물에 대해 언급하려고 한다. 상용건물 같은 경우에는 팬데믹 때 상황이 아주 좋지 않았지만 코로나가 줄어 들면서 다시 수요가 늘어나고 있다. 여행수요가 늘어나면서 호텔이나 관련 업종 부동산의 거래량이 늘고 있다. 재택근무가 줄어들고 직원들이 다시 사무실로 출근을 시작하면서 오피스 빌딩 수요도 늘어나고 있다.

게다가 물류창고는 팬데믹 시점부터 수요가 꾸준히 크다. 이러한 상용건물 같은 경우 미래가치가 작지는 않지만, 한국과 다른 점이 거의 없기 때문에 설명을 생략하도록 하겠다.

콘도(Condominium)

외형은 한국의 아파트와 비슷하다. 각 유닛, 101호, 207호같이 독립된 세대를 독자적으로 소유하며 놀이터같이 공동공간에 대해 자신의 지분을 소유한다. 주택소유주협회(HOA, Home Owner Association)에서 고용한 관리회사가 관리하므로 관리가 수월하다.

101호 주민이면 101호 내부만 관리하면 된다. 물론 콘도 구조와 관련된 문제가 세대 내부에서 생기면 그건 관리사무소에서 관리 및 수리해준다.

편의시설 여부에 따라 세입자 구하기도 쉽다. 좋은 입지에 있는 콘도가 아닌 이상 단독주택에 비해 가치 상승이 더디며 다양한 주택소유주협회 규칙들이 있다.

예를 들어 현관문 색깔을 바꾸지 못하게 하거나 리모델링할 때도 협회의 허가를 받아야 할 수도 있다. 또한 콘도에 따라 관리비가 높을 수 있으므로 수익에 영향을 줄 수 있고 대출받기 까다로울 수 있다.

코압(Co-op)

뉴욕에는 코압이 많은데 생긴 건 한국의 아파트와 비슷하다. 하지만 소유하는 방식이 다르다. 건물을 소유한 회사의 지분을 소유하는데 코압을 구매할 때, 소유권 증서가 아닌 장기독점임대권과 주식증서를 받는다. 사고팔고는 가능하나 투자용보다 실거주용으로 추천한다. 이유는 아래와 같다.

같은 크기의 콘도와 비교를 했을 때 가격이 30% 정도 저렴하고 세금도 저렴하다는 장점이 있다. 코압 이사회에 따라 규칙이 까다롭고 내부를 리모델링하거나 세입자를 구할 때 그리고 팔 때 이사회의 승인을 받아야 한다. 실거주 몇 년 후 임대를 줄 수 있다는 등의 규칙이 존재할 수 있고 세입자를 들일 때도 세입자의 소득이나 직업 등을 토대로 이사회가 심사를 하는 등 까다로운 편이다. 실제로 뉴욕 맨해튼 센트럴 파크 웨스트와 74번가, 75번가 사이에 위치한 27층짜리 고급 아파트인 산 리모(San Remo) 코압은 세계적인 팝스타 마돈나가 사려다 거절당한 코압으로도 유명하다.

심지어 미국의 37번째 대통령인 리처드 닉슨 대통령[4]도 거절한 코압도 있으며 머라이어 캐리[5]의 구매제안을 거절한 코압도 있다. 물론 그렇게 까다로운 명성 높은 럭셔리 코압들이 뉴욕에 많다는 뜻이다. 일반 코압은 이 정도는 아니다.

또한 대출받을시 까다롭고 어려울 수 있으니 코압을 전문적으로 융자해주는 대출기관을 찾아야 한다. 그리고 해당 매물을 소유한 회사가 아직 대출금이 많이 남은 경우에는 거주자들이 나눠서 내야 하므로 관리비가 상당히 높을 수 있다. 그러니 잘 확인하고 구매를 하길 바란다.

4) Margot Hornblower, ⟨Nixon Purchase Stalled⟩, The Wasington Post, 1984.1.21, https://www.washingtonpost.com/archive/lifestyle/1984/01/21/nixon-purchase-stalled/c9bef56b-f1de-49ba-a179-daedbed9836a/

5) Colleenkane Kane, ⟨Residential Rejections of the Rich and Famous⟩, CNBC, 2012.11.6, https://www.cnbc.com/2012/11/06/Residential-Rejections-of-the-Rich-and-Famous.html

아파트(Apartment)

미국의 아파트는 한국인들이 생각하는 그런 아파트가 아니다. 생긴 것은 같지만 소유하는 방식이 다르다. 콘도, 코압, 아파트 모두 외관은 비슷하지만, 소유권에 차이가 있다는 것만 기억하면 된다. 아파트는 한 회사나 한 사람이 아파트의 모든 세대를 소유하는 것으로 생각하면 간단하다.

다시 말해서 힐스테이트 아파트를 한 회사나 한 사람이 모두 소유하고 모두 월세를 주는 방식의 주택 형태를 아파트라고 한다. 물론 아파트마다 세대 수가 다르고 규모가 다르기 때문에 가격은 천차만별이다. 세대수가 4~5개일 수도 있고 300세대일 수도 있다.

보통 장기적으로 시세차익을 볼 수 있으며 수익률도 안정적이고 공실이 생겼더라도 수익에 크게 문제가 생기지 않는다. 일반적으로 아파트 매니저나 부동산 전문 관리 회사를 통해 관리하게 된다.

몇 개의 세대에서 월세가 나오니 긍정적인 수익률은 올릴 수 있으나 세입자가 한명 두명이 아닌 많으면 500세대도 될 수 있으므로 부동산 취득 시 투자자를 보호할 수 있는 LLC나 법인 형태로 취득하는 걸 조언하고자 한다.

또한 세대가 4개 이하인 경우 좀 더 좋은 조건으로 대출을 받을 수 있으나 그 이상이라면 상용건물로 여겨져 대출 조건이 별로 좋지 않을 수 있다. 이 밖에 세입자들도 가족 단위의 장기세입자가 아닌 학생이나 자주 이사 다니는 젊은 사람일 가능성이 높아 공실률 위험이 높아질 수 있으니 그 점은 주의해야 한다.

아파트를 구입할 때 해당 지역의 임대수요 검토는 필수이다. 아파트를 구입한다고 하면 비싸다고 생각할 수도 있지만 세대수마다 다르며 2022년 8월 기준 평균 아파트 가격은 159만 달러였다.[6] 원화로 23억 원 정도이며 평균 수익률은 4~10%이다.

단독주택(Single Family Home)

한국은 아파트 불패라는 말이 나올 정도로 아파트가 인기가 많지만, 미국은 정반대다. 개인의 사생활을 중요시하는 그들에게는 단독주택이 불패다. 대출받기도 수월하고, 세입자 구하고 팔기도 쉽다. 다른 부동산 종류에 비해 가치도 빨리 상승하며

---

6) Ben Mizes, 〈A Beginner's Guide to Buying an Apartment Building〉, www.listwithclever. com, 2022.11.2, https://listwithclever.com/real-estate-blog/beginners-guide-to-buying-an-apartment-building/

높은 수요로 인해 집값이 내려가는 일도 거의 없다.

하지만 자동차 진입로, 앞마당, 뒷마당, 화단 등 관리할 게 많고 힘들며 그만큼 비용이 발생할 수 있다. 또한 공실이 생기는 경우 수익이 0원이 되기 때문에 그만큼 다세대 주택에 비해 위험이 높아질 수 있다. 다세대 주택에 한세대가 공실이 난다고 해도 다른 세대에서 수익이 발생하면 어느 정도 수익 면에서 위험이 줄어들 테니 말이다.

다행히 단독주택은 가족 단위의 세입자가 많아 장기 세입자들이 많다. 또한 단독주택은 토짓값도 지불하는 것이기 때문에 가격이 높은 편이어서 첫 몇 해 수익률이 그리 크지 않을 수 있다. 그러니 받을 수 있는 월세가 유지비용보다 높은 그런 시장을 찾는 걸 추천한다. 실제로 그런 곳들이 존재하니 잘 찾아서 투자하기를 바란다.

멀티유닛(Multi Unit)

멀티유닛은 듀플렉스, 트리플렉스, 포플렉스로 구성이 되어 있다. 간단히 설명하면 지붕은 하나인데 세대가 두 개 이상인 것이다. 세대는 여러 개인데 갚아야 할 대출금은 하나이고 받을 수 있는 월세도 하나 이상이 되겠다. 한 세대에 집주인이 살며 다른 세대에 월세를 줄 수 있으니 집 관리하기도 편하고 실거주이기 때문에 주거용 대출이 가능해 대출 조건도 좋아진다.

구조가 간단하고 모두 동일한 자재로 지어졌기 때문에 리모델링하거나 수리하기도 쉽다. 요즘처럼 고환율, 고물가, 고금리 3종 위기 세트 속에서 임대용이 아닌 실거주용 주택을 찾을 경우에는 멀티유닛도 한 방법일 수도 있겠다.

지역에 따라 이 종류의 매물을 찾기 어려울 수 있으며 구매자들이 작게 임대사업(Rental Business)하는 투자자들이나 처음 부동산을 구매하는 구매자들로 한정이 되어 있기 때문에 팔기 까다로울 수 있다.

단독주택보다는 가치 상승이 느리고 주거 공간의 구역화 관련 법률에 의해 입지가 좋지 못할 수 있다. 세대가 4개인 건물 같은 경우 주거용 건물로 간주하기 때문에 대출 조건이 잘 나온다. 그래서 5개나 6개 세대로 된 건물을 구입해 세대 4개로 공사하는 소유주들이 많다.

타운하우스(Town House)

타운하우스는 콘도와 단독주택의 하이브리드로 콘도처럼 같이 붙어 있으나 위, 아래로 이웃이 없다는 장점이 있다. 보통 2층짜리 건물이며 자그마한 마당과 테라스나 발코니가 따라온다.

소유주들은 공동공간에 대한 지분을 소유하게 된다. 단독주택보다 집 관리 부담이 덜하고
가격도 저렴해 특히 신혼부부
들에게 인기가 많으며 입지도
좋은 편이다. 편의시설들과
서비스가 매매가격과 관리비
에 포함되어 있으며 월세 주
기도 편하다.

하지만 자산 가치가 단독주택에 비해 느리게 올라가며 주택소
유주협회의 규칙들이 존재할 수 있으니 잘 확인해봐야 한다. 이
밖에 타운하우스는 대출기관에서 콘도로 취급할 가능성이 높아
대출받기 까다로울 수 있다. 그래서 해당 지역의 경험이 많은 대
출기관이나 해당 타운하우스 집주인들이 대출받은 곳을 알아보
는 게 좋다.

에이전트 및 부동산법 변호사 선임

아무리 한국에서 많은 부동산 투자 경험이 있다고 하더라도, 미
국 부동산 투자는 완전하게 새로운 세계라고 생각하면 된다. 미
국은 전장에 간단히 설명했듯이 체계적인 법의 테두리 안에서,
복잡한 절차와 안전장치 안에서 거래가 진행된다.

또한 모든 주가 그렇지는 않지만, 뉴욕이나 매사추세츠와 같이
많은 주에서는 부동산 거래를 진행하기 위해서는 변호사가 필요

하다.

한국에서 부동산 투자 경험이 많으시다고 에이전트 없이 해도 괜찮지 않냐고 하시는 투자자들도 만나봤다. 그건 미국 부동산 에이전트가 하는 일을 잘 몰라서 하는 말이다. 이들이 전달하는 고급 정보들은 투자자들에게 이루 말할 수 없는 자산을 제공한다.

그래서 마음이 맞고 능력과 경험이 풍부한 에이전트와 관계를 형성하고 이어가는 게 좋다. 관계가 깊어질수록 더욱 내 자산을 증식시키는 정보들이 투자자의 손안에 들어온다는 걸 명심하길 바란다.

그리고 부동산법은 주법이기 때문에, 주마다 법이 다르다. 그러므로 구입하고자 하는 부동산이 있는 주의 변호사와 부동산 에이전트, 즉 부동산 중개인을 선택해야 한다.

예를 들어, 뉴욕에 있는 주택을 구입하려면, 뉴욕 변호사 자격증이 있는 변호사와 부동산 에이전트에게 의뢰해야 하며, 텍사스 매물을 보고 있다면 텍사스 면허증을 가지고 있는 전문가들에게 도움을 요청해야 한다.

간혹 해당 주가 변호사가 필요가 없는 주라서 변호사 없이 거래를 진행하는 경우가 있는데 혹시 문제가 생기는 경우 큰 문제로 커질 가능성도 있고 협상 파워가 상대적으로 낮아지기 때문에 협상 시 불리할 수 있으니 그 점 참고하길 바란다.

실제 다부연 투자자도 변호사가 필요 없는 주에서 진행을 하다 마지막 단계에서 판매자와 문제가 생겼다. 하지만 판매자가 큰 회사라 협상에서 우위를 차지했고 문제들을 잘 해결도 하지 않고 잔금부터 치르기를 원했다. 투자자가 밤늦게 연락이 왔고 난 협상을 할 수 있는 방법들을 알려주었다.

투자자는 그렇게 무사히 거래를 마칠 수 있었다. 이런 비슷한 문제가 생겼을 시 판매자와 협상하는 방법은 마지막 장에서 살펴보고자 한다.

사전융자승인 받기

주택담보대출을 받아서 주택을 구입할 때 사전융자승인을 받기 전에 집을 알아보는 것은 추천하지 않는다. 특히 판매자 우위 시장일 때는 더욱 그렇다.

마음에 드는 매물을 발견하게 되면 오퍼를 해야 하는데 오퍼란 어떠한 조건으로 해당 부동산을 구입하겠다고 공식적으로 판매자에게 문서를 전달하는 과정이라고 보면 된다. 일반적으로 계약서 초본과 함께 판매자에게 구매의사를 밝히는 단계이다. 이 과정에서 사전융자승인 없이 오퍼를 했다가는 판매자가 오퍼를 아예 고려하지 않을 가능성이 크다.

일반적으로 판매자는 사전융자승인을 이미 받은 구매자를 선호한다. 사전융자승인을 받았다는 사실 자체가 이 구매자가 얼마나 구매에 진심인지 보여줄 수 있고 구매 능력도 증명이 되기 때문에 쉽게 말하면 "간만 보는 구매자"를 걸러낼 수 있기 때문이다.

사전승인이 없이 오퍼를 하게 되면 자신이 정말 원하는 주택을 다른 경쟁자들에게 뺏길 가능성이 커진다.

사전융자승인을 받기 위해서는 대출기관에서 요구하는 서류들, 즉 구매자의 수입이나 신용점수 아니면 재정 능력을 증명하는 서류 등을 대출기관에 제출하면 된다. 그럼 자신의 융자 가능한 금액을 알 수 있고 거기에 맞는 매물을 찾을 수 있다.

매입할 부동산 찾기

이제 투자할 부동산을 본격적으로 찾아야 한다. 한국으로 치면 부동산 중개인인 리얼터(realtor)에게 의뢰해 집을 찾는데 리얼터들은 MLS라는 매물 정보 데이터베이스에 들어갈 수 있다. 질로우 같은, 일반인들도 볼 수 있는 매물 사이트에 올라온 정보는 대부분 MLS에서 가져온 내용으로 바로바로 업데이트되지 않았거나 정확성이 떨어질 수 있다.

그래서 리얼터가 준비해주는 MLS 데이터 내용들은 정확하기도 하지만 내용도 광범위하므로, 관심 있는 매물에 대한 필수 정보들을 거의 다 찾을 수 있다.

리얼터는 의뢰인의 상황과 투자 목적에 따라 매물을 찾아 이 MLS 데이터들을 보내주고 그 내용을 바탕으로 투자자는 선택의 폭을 줄일 수 있다.

직접 미국으로 들어가 집을 볼 수도 있지만 그럴 상황이 되지 않는다면 리얼터에게 직접 집을 보고 와달라고 의뢰할 수 있다. 리얼터는 해당 부동산에 방문해 영상을 촬영하거나 라이브로 해당 매물을 손님에게 보여줄 수도 있다.

또한 미국은 판매자가 정해진 날짜에 사람들에게 집을 공개하고 관심 있는 사람들이 자유롭게 들어와 집을 볼 수 있게 해주는 오픈하우스(Open House)라는 행사가 있다.

이날 참석할 수 있으면 가서 실제 매물도 직접 보고 다른 경쟁자들에 대해 알아낼 수 있는 정보도 알아보는 것이 좋다. 어떤 사람들이 해당 매물에 관심 있어 하는 지도 체크해보고 경쟁자들이 얼마나 많은지도 보고 말이다.

또한 오픈하우스에는 해당 부동산의 리얼터들도 있기 때문에 그들에게 꽤 많은, 그리고 좋은 정보들도 얻을 수 있다. 또한 오픈하우스에 가면 와인이나 샴페인이 공짜인 경우도 많으니 한 번쯤은 참석해보면 좋을 것이다. 물론 참석이 불가능하면 리얼터를 대신 보내도 된다.

오퍼(입찰)

오퍼(Offer)란 구매자가 자신의 매입 의사를 매도자에게 표현하는 것을 의미한다. 선수 계약금과 함께 판매자에게 일종의 계약서 초본을 보내 자신의 매입 조건을 제시하게 된다. 이 또한 시장에 따라 다르다.

판매자 우위 시장에서는 한국으로 치면 커버레터와 구매자를 소개하는 동영상까지 제출해야 하는 경우도 있다. 예를 들어 "안녕하세요. 저희는 박 씨 부부이고 이 아이들은 제 사랑하는 아이들입니다. 저희가 당신의 집을 사고 싶어 하는 이유는…"이라고 소개 영상을 촬영해 판매자에게 보내야 하는 경우도 있는데 정말 치사하기 그지없다는 구매자들도 있다.

뉴욕같이 부동산 거래에 변호사가 필요한 주의 경우, 이 단계부터 변호사의 개입이 시작된다. 판매자가 오퍼를 수락하면 여기서부터 구매자 변호사와 판매자 변호사의 협상이 시작된다.

변호사들이 서로가 원하는 조항을 넣고 원하지 않는 조건들을 지우며 본격적으로 협상을 시작하고, 자신들 의뢰인들의 이익을 대변하게 된다. 여기서 벌어지는 변호사들의 신경전이 대단하다.

아래에 설명하겠지만 컨틴전시(contingency)라고 위약금 없이 계약을 취소할 수 있는 조건들을 집어넣고, 위약금의 금액을 정하는 등 계약에 관련된 모든 일들이 이 단계에서 일어난다. 모든 조항들이 합의가 되면 이제 최종 계약서에 구매자와 판매자가 서명을 하게 된다.

에스크로 열기

최종 계약서에 서명했으니 이제 에스크로를 오픈할 단계이다. 미국은 판매자에게 직접 구매 금액을 지불하는 게 아니라, 제3자가 맡아 놓고 있다가 모든 거래단계가 마무리되면 이체가 되는 시스템이다. 쉽게 말하면 온라인 쇼핑이랑 비슷하다고 보면 된다.

네이버에서 온라인 쇼핑을 했다고 치면 판매금액을 네이버에 보내고 네이버는 구매자가 물건을 받았는지 확인 후 그 돈을 판매자에게 보낸다. 한국의 네이버가 미국 부동산 시장의 에스크로 회사나 변호사가 되는 것이다.

캘리포니아 같은 서부에 있는 주들에서는 에스크로 회사가 개입하고, 뉴욕/뉴저지 같은 동부의 주들에서는 변호사들이 이 역할을 맡는다. 매매자금을 관리하고 서류들을 검토하며 부드럽게 거래가 진행될 수 있도록 돕는다.

주택검사

주마다 다른 디스클로저(Disclosure) 관련 법이 있다. 판매자는 판매자만이 알고 있는 부동산 관련된 정보를 구매자에게 모두 공개해야 한다. 다시 말해서 부동산의 가치에 영향을 끼칠 수 있는 사항들에 대해 구매자에게 공개해야 한다.

그렇지 않고 진행하게 되면, 법적인 문제가 생길 수 있다. 예를 들어, 비가 올 때마다 천장에 비가 샌다면 그 사실을 구매자에게 알려줘야 한다. 어떤 주는 해당 주택에서 귀신을 본 적이 있더라도 그 사실을 구매자에게 알리도록 하고 있다.

하지만 해당 법은 설명한 대로 판매자가 아는 사실만 공개할 의무가 있는 것이다. 예를 들어 하수구 수리업자인 친구가 판매자 집에 놀러 왔다가 해당 집 하수구에 문제가 있는 것 같다고 빨리 수리하라고 조언을 했다고 치자. 그럼 그 부분을 구매자에게

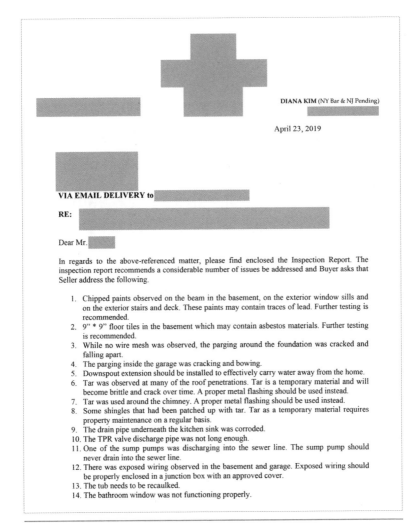

DIANA KIM (NY Bar & NJ Pending)

April 23, 2019

VIA EMAIL DELIVERY to

RE:

Dear Mr.

In regards to the above-referenced matter, please find enclosed the Inspection Report. The inspection report recommends a considerable number of issues be addressed and Buyer asks that Seller address the following.

1. Chipped paints observed on the beam in the basement, on the exterior window sills and on the exterior stairs and deck. These paints may contain traces of lead. Further testing is recommended.
2. 9" * 9" floor tiles in the basement which may contain asbestos materials. Further testing is recommended.
3. While no wire mesh was observed, the parging around the foundation was cracked and falling apart.
4. The parging inside the garage was cracking and bowing.
5. Downspout extension should be installed to effectively carry water away from the home.
6. Tar was observed at many of the roof penetrations. Tar is a temporary material and will become brittle and crack over time. A proper metal flashing should be used instead.
7. Tar was used around the chimney. A proper metal flashing should be used instead.
8. Some shingles that had been patched up with tar. Tar as a temporary material requires property maintenance on a regular basis.
9. The drain pipe underneath the kitchen sink was corroded.
10. The TPR valve discharge pipe was not long enough.
11. One of the sump pumps was discharging into the sewer line. The sump pump should never drain into the sewer line.
12. There was exposed wiring observed in the basement and garage. Exposed wiring should be properly enclosed in a junction box with an approved cover.
13. The tub needs to be recaulked.
14. The bathroom window was not functioning properly.

필자가 실제로 고객 집 검사를 한 후에, 집 검사 보고서를 첨부해서 판매자 변호사에게 보낸 요청서 메일의 일부이다. 발견된 문제들을 판매자와 의논하고 알려달라는 협의 요청서라고 볼 수 있다.

출처: (주)다부연

알려야 할까? 그렇지 않다. 하수구에 문제가 있을 수도 없을 수도 있기 때문이다.

이런 이유로 전문가를 고용해 주택검사(Home Inspection)를 해야 한다. 그리고 일반적으로 미국에서는 보통 주택검사는 반드시 하고 집을 구매한다. 판매자 우위 시장일 때는 주택검사를 생략하는 구매자들도 있긴 하지만 말이다.

전문가들이 집으로 찾아가 해당 부동산의 외부부터 내부까지 꼼꼼하게 검사를 하고, 검사 보고서를 작성해 변호사에 보내게 된다. 구매자 변호사는 보고서를 검토 후 문제들이 있다면, 계약을 파기할지, 아니면 진행하되 매입 가격을 낮출지, 판매자가 문제들을 직접 처리하게 할지 판단 후 구매자와 상의하고 나서 상대편 변호사와 협상에 들어가게 된다.

주택감정평가

주택감정이란 주택의 현재 시세가 어떤지 확인하는 과정이다. 대출받는 경우 대출기관이 주택감정을 요구한다. 대출기관 입장에서는 대출자가 원리금을 갚지 못하는 경우 부동산을 압류해서 손실금액을 줄여야 하므로, 실제 부동산의 가치보다 더 대출해주고 싶지 않아 한다. 그런 이유로 실제 가치를 확인하고자 한다.

주택감정가는 집의 상태와 위치 그리고 시설 등을 검토하고 대출자의 부동산 구매가격이 적절한지 판단한다. 주택의 감정 가치는 같은 지역에 있는 해당 부동산과 비슷한 부동산들의 판매가격, 현재 부동산 시장 트렌드, 주택의 시설과 방, 욕실 개수, 평수 등에 따라 달라진다.

대출기관의 이득을 보호하기 위해 주택감정을 받는 것이기 때문에 일반적으로 대출기관에서 주택감정을 신청하고 감정 비용은 대출자가 내게 된다. 보통 약 500달러, 원화 60만 원 정도 한다. 대출받지 않는 경우에도, 감정평가는 반드시 하고 구매하도록 나는 권장하고 있다.

컨틴전시 리무브(특약사항 제거)

판매자와 구매자는 각각 계약서에 컨틴전시 조항을 넣을 수 있다. 한국으로 치면 특약사항으로 볼 수 있을 것 같다. 다른 점은 미국 같은 경우 이 조항이 계약서 본문에 들어간다는 점이다. 이 조항에 따라 판매자와 구매자는 위약금 없이 계약을 취소할 수 있다.

일반적으로 에스크로를 연 후 약 15~17일 후에 이 조건들을 제거하고 계약을 100% 확정할 수 있는데 이걸 컨틴전시 리무브라고 한다. 확정한 후 합법적인 이유 없이 계약을 취소하려면 계약금은 물론 위약금까지 물어야 할 수도 있다.

일반적으로 구매자가 판매자보다 컨틴전시 조항들을 많이 넣는 편인데 판매자 우위 시장일 때는 구매자가 원하는 컨틴전시 조항이 많을수록 거래가 깨지는 경우가 많다. 누가 까다로운 구매자를 좋아하겠는가…. 판매자 우위 시장에서는 이 컨틴전시 조항을 최소화해서 들어가라고 조언한다.

하지만 시장이 구매자 우위인 경우, 특히 요즘 같은 시장에서는 구매자가 원하는 조항들을 넣어도 판매자가 받아들일 가능성이 크다.

구매자가 많이 거는 6가지의 컨틴전시 조항들을 소개하겠다.

1. 주택검사 컨틴전시(Home Inspection Contingency)

전문가를 보내 집 검사를 마쳤는데, 건물에 심각한 하자가 있거나 구매자가 원하지 않는 문제들이 발견된 경우 계약을 취소할 수 있다. 어떤 하자들은 적은 돈으로 수리가 가능하나, 건물 구조의 문제나 지붕이나 마루 등에 문제가 있는 경우는 간단하게 수리할 수 있는 문제가 아니다.

그래서 판매자와 합의해 주택 가격을 낮추거나, 구매자가 직접 고칠 수 있도록 돈을 받을 수도 있다. 아니면 판매자가 수리할 수도 있다. 이 문제에 대해 판매자가 동의하지 않는 경우, 이 조항을 적용해서 계약을 취소할 수 있다.

2. 주택감정 컨틴전시(Appraisal Contingency)

주택감정 컨틴전시란 주택감정 결과, 주택의 현재 시세가 구매자의 구매가격보다 낮은 경우, 계약을 취소할 수 있는 조건을 말한다.

3. 주택담보대출 컨틴전시(Mortgage/Financing Contingency)

이 조항은 말 그대로 대출자의 주담보 대출이 나오지 않는다거나 원하는 이자율이 나오지 않는 경우, 위약금 없이 계약을 취소할 수 있다는 조항을 의미한다. 이 조항 같은 경우 일반적으로 에스크로를 오픈한 후 약 20일 이후 제거한다.

TOTAL $280,000.00

5. DEPOSIT MONEYS. All deposit moneys will be held in trust until closing of Title by
█████████████████ The Escrowee shall hold the sum escrowed
in an IOLTA Trust Account and agrees to disburse it for the payment of part of the purchase price
to the Seller or if this Contract is lawfully cancelled the deposit shall be returned to the Buyer. If
a dispute arises about the release of the escrow, the Escrowee shall not release it until receiving
written directions from Seller(s) and Buyer.

6. MORTGAGE CONTINGENCY. Buyer's obligations under this contract are contingent upon
Buyer's obtaining a written commitment for a mortgage in an amount equaling $200,000.00 at a
rate which is satisfactory to Buyer. Buyer shall have thirty (30) days from the date of this contract
to obtain such written commitment. ("Financing Contingency Date") If Buyer has not obtained
such commitment within the above time period, either party may cancel this contract upon written
notice to the other party after the expiration of the financing contingency date and all deposit
monies shall be returned to Buyer and neither party shall have any further liability to the other.
The financing contingency date may be extended with the consent of Seller, which consent shall
not be unreasonably withheld or delayed.

실제 부동산 매매 계약서에 표시한 주택담보대출 컨틴전시 조항   출처: (주)다부연

4. 기존주택판매 컨틴전시(Home Sale Contingency)

기존 소유하고 있는 주택을 먼저 팔아야 거래를 진행할 수 있다는 조건이다. 어떤 구매자들 같은 경우 기존주택을 먼저 팔아야 새로운 집을 구입할 자금이 생기니까 말이다. 대출을 최소화해서 들어가고자 하는 사람들은 특히 더 그렇다. 하지만 이 조건

을 넣는 건 별로 추천하지 않는다. 판매자가 동의할 가능성이 거의 없기 때문이다.

5. 소유권 컨틴전시(Title Contingency)

부동산에 소유권 관련 문제가 있을 시 계약금을 돌려받고 계약을 취소할 수 있는 조항이다. 근저당권이나 국세 체납으로 압류 대상이 되어있는 등 문제가 발견되었을 시 이 조항으로 계약 취소가 가능하다. 미국에서 부동산 거래 시 해당 케이스를 맡은 변호사나 타이틀 회사가 소유주의 타이틀, 다시 말해 한국으로 치면 부동산등기부등본을 조사하게 된다.

그리고 문제가 발생했을 시 이 조항을 이용하여 계약을 취소하는 경우, 판매자는 타이틀 서치(등기부등본 조사) 관련 비용 및 구매자 변호사 비용을 내야 한다는 조항이다. 문제가 없으면 변호사나 타이틀 회사가 타이틀 보험 회사에 의견서를 제출하고 구매

15. Seller agrees to deliver the entire property in broom clean condition on the date of closing.

16. Seller agrees to provide and Buyer agrees to accept a deed known as Bargain and Sale deed with covenants against grantor's acts. In the event Seller cannot deliver clean title, Buyer shall have the option to void this Contract and if Buyer elects to void this Contract, the deposit monies shall be returned to Buyer. If this Contract is canceled in accordance with this paragraph, Seller will pay the Buyer for all title and survey costs and the Buyer's legal expenses not exceeding $750.00

17. All appliances, fixtures, washer and dryer, and window treatments including the curtains and blinds, lighting fixtures, except those as expressly excluded, are included in the sale and purchase price. Moreover, Seller represents and warrants that all fixtures, window treatments, lighting fixtures, and appliances are all in working condition at the time of closing. Seller further represents and warrants that the plumbing, electrical, heating and air-conditioning systems will be in working condition at the time of closing.

실제 부동산 매매 계약서에 표시한 소유권 컨틴전시 조항　　　　　　출처: (주)다부연

자는 타이틀 보험을 들 수 있게 된다. 타이틀 보험이 있으면 훗날 소유권 관련 분쟁이 생겨도 보험회사에서 방어를 해주며 분쟁 해결 및 금전적 보상을 해준다.

6. 점유확인서 컨틴전시(Certificate of Occupancy Contingency)

해당 부동산이 건축법에 따라 시공이 되었고 허가된 용도에 맞게 사용하고 있으면 점유확인서가 나오는데 이 확인서가 발급이 안 되는 경우 계약금을 받고 계약을 취소할 수 있는 조항이다.

20. NOTICES. All notices under this contract must be in writing. The notices must be delivered personally or mailed by certified mail, return receipt requested, emailed to the other party at the address written in this contract, or to that party's attorney.

21. BROKER COMMISSION. There is no real estate broker involved this transaction.

22. CERTIFICATE OF OCCUPANCY. The Buyer shall apply for a Certificate of Occupancy with the borough of Lodi and shall be responsible for obtaining a Certification of Occupancy before the closing. In the event the repairs and/or permits required to obtain the Certificate of Occupancy exceed_____, the Buyer shall have the option to cancel the Contract and receive all of the deposit monies.

23. All representations made by Seller in this Contract are made to the best of Seller's knowledge. Any of Seller's representation shall not survive the closing.

실제 부동산 매매 계약서에 표시한 점유확인서 컨틴전시 조항   출처: (주)다부연

이렇게 거래할 때 다양한 컨틴전시를 넣어 안전하게 거래를 진행하고 있는데 점유확인서를 못 받는 경우 계약금을 받고 거래를 취소할 수 있는 것이다.

주택보험

대출받는 경우 대출기관에서는 대출해주는 조건으로, 주택보험을 들라고 요구한다. 일반적으로 잔금 치르기 며칠 전이나 2주 전에 요청한다. 또한 보통 주택보험 1년 치를 클로징(거래 마지막 단계) 때 미리 납부하라고 요구하기 때문에 보험을 한 달 전에는 미리 알아 놓는 게 좋겠다.

최종주택검사

거래가 진행이 되고 얼마 후 진행되는 홈 인스펙션이라는 주택검사하는 단계를 기억하는가? 거기서 어떤 문제를 발견한 경우 구매자는 계약금을 돌려받고 계약을 취소할 수도 있고 아니면 매입 가격을 깎거나 판매자가 발견한 문제들을 직접 처리하는 것으로 합의도 할 수 있다.

그리고 최종주택검사(Final Inspection) 단계에서 다시 한번 마지막으로 집 검사를 하게 된다. 판매자가 고쳐 주기로 했던 부분들이 모두 수리가 되었는지 처음 주택검사에서 아무 문제가 없었다면 그동안 다른 문제가 생긴 건 없는지 다시 한번 확인하는 단계이다.

실제 부동산 거래를 진행하던 중 잔금일 하루 전에 내 의뢰인이 최종주택검사를 하러 집에 갔는데 그때까지도 판매자의 물건들이 널려 있고 고쳐주기로 했던 주방 하수구가 수리가 덜 끝나 내게 급하게 연락한 적이 있다. 끝에는 잔금 날을 미루고 판매자에게 보상금 개념으로 돈까지 받아 거래를 마무리했다.

융자승인 받기

구매자가 대출 신청을 한 후 융자승인을 받기까지는 일반적으로 한 달 정도 소요된다. 대출기관은 대출신청자, 즉 구매자의 원금상환능력을 평가하는데 은행거래명세 및 소득 증명(급여명세), 세금보고(Tax Return) 등 많은 서류들을 검토한 후 융자승인을 한다. 승인이 나면 융자승인서류가 에스크로에 도착하고 대출신청자는 그 서류에 서명하게 된다. 이제 대출기관에서 에스크로 계좌로 자금을 송금해 줄 것이다.

자금 이체

이제 거의 다 왔다. 융자는 승인되어 에스크로 계좌로 들어가며 구매자도 융자를 제외한 나머지 금액을 에스크로 계좌로 송금한다. 에스크로 회사나 에스크로 계좌를 맡은 변호사가 각각 지급해야 할 것들을 정산한 후, 마지막에 거래가 마무리가 될 때 판매자에게 보낸다. 여기에는 판매자가 미리 낸 관리비나, 세금 등이 있겠다.

소유권 이전

클로징 전날이나 당일에 주담보 대출금이 에스크로 계좌에 송금이 된다. 입금 사실을 확인한 판매자 변호사는 소유권 이전 등기신청을 하게 된다. 아침에 신청하면 오후에 이전되었다는 연락이 오는 데 이때 혹시나 모를 소유권 분쟁을 사전 방지하기 위해서 타이틀 보험을 신청하기도 한다.

실제 어떤 분은 거래를 진행하다가 판매자의 전 남편분이 이혼전에 파산 신청했다는 사실을 알게 되었다. 파산을 하기 전 먼저 '퀏클레임디드'라는 서류를 준비해 자신의 소유권을 완전히 자기 부인에게 이전 시켰어야 했는데 그 부분을 간과한 것이다. 그 이유로 거래가 문제가 생겼던 적이 있다. 그러니 꼭 확인하고 타이틀 보험까지 받아 진행하기를 추천한다.

클로징

이제 진짜 거래의 마지막 단계인 클로징 날이다. 한국으로 말하면 잔금 치르는 날이다. 하지만 한국이랑 다른 점이 있다. 무슨 대기업 합병하는 모습을 연상시킨다.

판매자와 구매자 그리고 그들의 변호사들과 부동산 에이전트등 많은 전문가가 정해진 날짜에 만나 거래를 마무리하게 된다. 수많은 숫자와 서류들이 왔다 갔다 하며 서명할 서류도 많다. 클로징 한다고 하면 보통 몇 시간은 걸릴 것을 예상하고 준비한다.

반나절 이상 걸리는 케이스도 있고 종일 걸리는 케이스도 있다. 그러니 이날은 몽땅 하루를 빼놓는 방법도 추천한다. 변호사들은 거래를 무사히 끝내면 샴페인을 터트린다. 그 정도로 복잡한 게 미국 부동산 거래 절차이다. 그만큼 모든 전문가가 신경을 곤두세우고 자신들의 의뢰인의 이익을 대변하고 보호할 수 있도록 자신의 자리에서 열심히 뛴다.

판매자나 구매자가 참석하지 못하는 경우에는 표준위임장(POA, Power of Attorney)이라는 대리인 서류를 만들어, 변호사가 대신 서류를 검토해서 의뢰인 대신 서명할 수 있다. 한국 투자자들은 한국 변호사에게 이 서류를 공증받은 후 대사관에서 아포스티유를 받아 원본을 미국으로 등기로 보내면 된다.

또한 판매자는 클로징 전, 타운에서 일종의 허가 증명서를 발급받아야 한다. 이러한 허가 증명서를 점유확인서(C.O, Certificate of Occupancy)라고 하는데 구입하고자 하는 부동산이 이 허가 증명서를 발급받기 위해서는 건축기준법에 맞게 시공이 되고 공사허가를 받고 공사가 진행된 건물이어야 한다.

다시 말해서 이 건물이 사람이 살 수 있을 정도로 안전한지 검사한 후 허가증을 발급하는 것이다. 이 서류가 없으면 거래를 마무리할 수가 없다.

실제 케이스를 진행하던 중 내 의뢰인이 공사 허가증이 없이 지하에 공사를 해서 세입자를 두고 월세를 받아왔다는 사실을 나중에 알게 되었다. 진즉에 알려주었으면 더 좋았을 텐데 마지막에 그 사실을 알게 되었고 이 서류를 발급받지 못해 거래가 성사되지 않았다.

또한 어떤 분은 서류를 곧 받아 주겠다는 판매자의 말만 믿고 이 서류 없이 클로징을 했는데 1년 후 해당 부동산은 불법 공사로 퇴거(Eviction)명령까지 떨어졌다. 그러니 이 부분은 꼭 확인하고 클로징을 하길 바란다. 이날 변호사 비용이나 타이틀 보험료, 집 보험료 등 클로징 관련 비용을 내고, 에스크로 계좌에서 판매자에게 돈이 이체된다. 이렇게 거래가 마무리가 된다.

필요예산(클로징 비용 포함)

(클로징 비용은 부동산 매입가격의 1~5%이며, 다음의 목록 중에서 '*'로 표시된 목록은 옵션 비용이며 필수 비용이 아님)

1. 선수 계약금 → 부동산 매입 가격의 약 1%

2. 주택검사 비용 → 350~700달러 *

3. 대출 신청 비용 → 약 1천 달러 *

4. 주택감정 비용 → 약 500달러 *

5. 선불금(대출금을 제외한 실투자금) → 부동산 매입가격의 20% 정도, 비거주자들은 일반적으로 40% 정도

6. 타이틀보험 → 약 2천 달러 *

7. 재산세와 주택보험과 대출이자 예납 → 보통 대출기관에서 요구하는 조건임. *

– 미국은 대출받는 경우 대출기관에서 대출자를 대신해 재산세와 주택보험을 납부한다. 매달 대출자는 원리금과 함께 보험료와 재산세 한 달 치를 내야 한다.

8. 주택보험료 → 약 1천 달러(1년 치) *

9. HOA 가입비 → 약 1천 달러 콘도를 매입하는 경우 소유주 협회에 가입해야 함. *

10. 기타 비용 → 1천 달러 이하

숨 가쁘게 미국의 부동산 구입 절차에 대해 하나씩 알아보았다. 어떤가? 한국과 아주 다르지 않은가? 너무나 많은 사람이 부동산 투자자의 권리와 이득을 보호하기 위해, 과정 하나하나에 개입해서 검토하고 또 검토한다.

그만큼 안전장치들이 많으니 더 안전하게 거래를 할 수 있는 것이며 미국에 한 번도 오지도 않고 전 세계 사람들이 미국 부동산에 투자할 수 있는 이유이다.

한때 중국인들이 미국 부동산에 많이 투자했는데 집을 직접 보지도 않고 전문가들을 통해 구매했고 팔 때까지도 한 번도 미국 땅을 밟지 않은 채 부동산 거래를 했다. 그만큼 미국에는 부동산 사기나, 잘못된 거래로 인해 피 같은 자신의 자산을 잃어버리는 일이 흔하지 않다.

미국 부동산 투자 시 주의할 점!
돈은 버는 것보다 지키는 게 더 중요하다!

이번 장에서는 미국 부동산에 투자 시 주의할 점을 몇 가지 살펴보려고 한다. 내가 케이스들을 다뤄보면서 자주 겪었던 문제 중 몇 가지를 소개하려고 한다. 부동산법 변호사와 함께 진행하는 거래라면 크게 걱정할 필요는 없겠지만 그래도 아는 게 모르고 있는 것보다 나을 것이다.

만약 변호사 없이 진행하는 주에서 부동산을 구매하시는 투자자들을 위해(난 이 중에서도 꼭 부동산법 변호사에게 의뢰하라고 권하고 싶다) 대표적인 4가지 문제들과 해결 방법을 알려드리고자 한다.

최종주택검사 때 문제를 발견했다! 대처는?

미국에서는 주택검사를 총 3번을 한다. 한번은 홈인스펙션으로 전문가를 보내 집 검사를 하고 클로징 전에 시청이나 카운티에서 검사자가 나와 건물이 건축법에 의거해 시공이 되었는지, 안전하게 공사가 되어있는지, 공간이 용도에 맞게 사용이 되고 있는지 등 검사를 한다. 그리고 클로징 전, 그러니까 잔금일 하루 전이나 며칠 전에 구매자나 구매자의 에이전트가 최종 주택검사를 한다.

그런데 최종 주택검사 때 문제가 발생했다면 어떻게 해야 할까? 클로징을 미루는 것도 한 방법이지만 사정상 그러지 못하는 경우에는 어떻게 하느냐 말이다. 문제들을 해결하지 못한 채 처리해주겠다는 판매자 말만 믿고 잔금 치르고 기다렸는데 판매자가 입을 싹 닦아 버린다면 어떻게 하느냐 말이다.

처음부터 계약서를 만들 때 해당 내용을 집어넣는 것을 추천한다. 바로 클로징 전까지 공사가 마무리가 되지 않았거나 최종 주택 검사 때 문제점이 발견되었을 시 매매가격 일부분을 구매자가 확보할 수 있는 조항을 넣는 것이다. 다시 말해서 아직 마무리되지 않은 부분에 들어가는 비용(견적을 미리 받아놔야 한다)을 빼고 판매자에게 잔금을 준 후 클로징을 하는 것이다.

미리 빼놓은 비용은 자신의 변호사의 에스크로 계좌나 에스크로 회사가 맡아놓고 있다가 문제가 해결되면 판매자에게 전달될 수 있도록 할 수 있다. 또한 공사나 수리가 미뤄지면서 발생할 수 있는 비용들, 예를 들어 구매자의 호텔 숙박 비용이나 구매자의 기존주택의 대출금 같은 경우도 받아 낼 수 있으니 이 부분도 기억하고 있자.

매매가격보다 감정 가격이 낮게 나온 경우 대출기관에서 대출을 거의 해주지 않는다. 그렇다고 놀라 방방 뜰 필요는 없다. 이런 경우 변호사나 에이전트가 직접 문제를 해결할 수 있으니 말이다.

감정평가사가 평가에 사용한 콤(CMA, Comparative Market Analysis)이라고 하는 비교시세 분석자료를 검토해 감정평가사가 잘못된 학군 정보 같은 정확하지 않은 정보를 평가에 반영했는지 확인해 보아야 한다.

또한 구글에 감정평가사 이름을 검색해서 사무실을 확인 후 어느 지역에서 보통 감정평가를 하는지 알아본 후 전문적으로 감정평가를 하는 지역이 아니라면 평가사에게 직접 연락해서 그 부분을 상의하면 된다. 해당 지역에 대한 감정평가사의 지식 부족이나 잘못된 정보를 이용한 분석을 알려주고 평가서를 요청할 수 있다. 그렇게 하면 수정을 거의 받아 들여준다.

아니면 재평가 비용을 대출기관이나 판매자에게 내게 하거나, 반을 부담하기로 합의해서 두 번째 감정평가사에게 제일 최근 시장시세 분석자료와 해당 부동산에 대한 정보를 전달하고 재평가 받아도 된다. 또한 일반적으로 계약서를 작성할 때 주택감정평가가 낮게 나왔을 때 계약을 파기하는 조항이 들어가기 때문에 이 부분은 크게 걱정하지 않아도 된다.

전장에서 설명했듯이 주마다 부동산법이 다르기 때문에, 임대차법도 다를 수밖에 없다. 그렇다면 임대용 부동산 소유주들은 어떻게 해야 할까? 명품 쇼핑만 하지 말고 반드시 주 쇼핑을 하기를 추천한다.

캘리포니아에 있었던 테슬라가 주 소득세가 없는 텍사스로 이사 갔듯이 말이다. 에르메스가 어느 매장이 제일 싼지 파악은 하면서 내 자산을 지키는 주법을 신경 쓰지 않고 구매를 하는 것은 말이 안 된다고 본다.

미국의 50개 주를 살펴보면 집주인들에게 유리한 주들이 존재하고 세입자들에게 유리한 주가 있다. 퇴거절차나, 임대사업자 자격증을 취득해야 하는지의 여부, 보증금 금액 제한이나 입지, 임대수요 등 여러 가지 사항들을 파악하고 투자해야 한다.

예를 들어 조지아주는 평균 부동산세가 0.83%로 낮은 편이며 보증금 액수 제한도 없으며 다른 주들과 비교해서 세입자 퇴거절차도 간단한 편이다.

한국인들의 사랑, 콘도(아파트)를 구매한다면?

한국인의 아파트 사랑은 미국에서도 끝이 안 난다. 실제 미국인들도 젊은 직장인들이나 단독주택 관리가 힘든 노인들은 콘도에 많이 거주하기도 한다. 매년 가을마다 떨어진 낙엽을 쓸지 않아도 되고 겨울마다 눈 치울 필요도 없는 편리한 콘도…. 거기에 직접 관리할 필요도 없는 수영장에 헬스장까지. 편의시설까지 있으니 좋긴 한데 주의할 점은 어떤 게 있을까?

위에도 간단히 설명은 하긴 했지만, 콘도에는 주택소유주협회, 즉 HOA가 있기 때문에 구매 전 이 협회가 얼마나 재정적, 행정적으로 안정되어 있는지, 까다로운 규칙들이 있는지 확인해야 한다.

리모델링할 때 허가절차와 특별과세가 부과될 수 있는 시점도 반드시 확인해야 한다. 협회가 그동안 해온 일들이나 3년 치 회의록을 요청해서, 해당 콘도에 내부적으로 분쟁이 있는지, 재정적인 문제는 있는지 검토해야 한다.

협회가 재정적으로 문제가 있을 때 일어나는 대표적인 현상들이 있는데 아래와 같다. 15% 이상의 세대가 대출기관을 통해 압류가 들어갔거나 15% 이상의 집주인들의 관리비가 연체되어 있다.

또한 협회의 비축계좌에 거의 돈이 남아 있지 않고 큰 소송을 진행 중인 경우도 있으니 꼭 확인하고 구매하자! 또한 세대 중 몇 퍼센트가 세입자에게 월세를 주고 있는지도 확인해야 한다. 세입자가 더 많다면 협회의 예산이나 관리에 덜 신경을 쓸 수 있다. 그러므로 협회의 운영이 비효율적이거나 문제가 있을 수 있다. 이 모든 정보를 확인 가능하니 반드시 검토하자!

실제 부동산 매매계약서 추가 서류의 일부에는 판매자가 구매자한테 콘도 관련 정보들을 제공해야 하는 조항들이 있다. 예를 들어 관리비는 얼마인지 특별과세가 있는지와 주택소유주협회 (HOA) 콘도설립 기본 문서와 콘도의 규칙 등이 포함된 자료들을 제공해야 하는 조항이 있다.

is within a flood zone and cancel the contract pursuant to this paragraph and receive a full refund of the deposit.

10. Paragraph 26 of the Contract. DELETE THE FOLLOWING LANGUAGE in the line 501-502" "… and one-half of the title company charges for disbursements and attendance allowed by the Commissioner of Insurance…"

11. Paragraph 31 of the Contract. DELETE IN ITS ENTIRETY.

12. Paragraph 43 of the Contract. DELETE IN ITS ENTIRETY.

13. In the event that the initial of the subject property indicates issues that require further or more detailed inspection or testing, the Buyer shall be afforded the opportunity to conduct same. In the event the inspection reveals any defects, and the parties do not agree on who will correct the defects, either party may terminate the Contract. Upon cancellation of this Contract under this paragraph, any deposit money made by the Buyer shall be returned to the Buyer within five (5) days after the date of cancellation notice and this Contract shall be deemed null and void without any liability to the respective parties.

14. If the property in this transaction is a legal condominium, with respect to the subject condominium unit:

> A. Seller represents that the telephone number and fax number of the Condominium Association are _____(telephone) and _____ (fax).
> B. The Seller represents that there are no fees due to the Condominium Association other than the monthly maintenance of $_____ and special assessment of $_____ . The monthly maintenance includes _____.
> C. The Seller represents that they are not aware of any increase in the monthly maintenance or special assessment. The Seller further represents that they are not aware of any lawsuit or claims, pending or otherwise, made by or against the Condominium Association or of the subject unit.
> D. The Seller shall deliver to the Buyer a copy of the Offering Prospectus, Master Deed, and Rules and Regulations within ten (10) days from the conclusion of attorney review.
> E. The Seller represents that they are in full compliance of the provisions of the Master Deed and the By-Laws.
> F. All keys, access keys and garage door openers, if applicable for the subject premises, are included in the sale.
> G. Seller represents that to the best of Seller's knowledge, there is no confirmed or unconfirmed special assessments against the subject premises. In the event there is an added or special assessment that is imposed on the premises or to be imposed on the premises within thirty (30) days from the closing, then Seller shall be responsible for the whole amount of such added or special assessment at the closing.

15. Seller agrees to deliver the entire property in broom clean condition on the date of closing.

16. Seller agrees to provide and Buyer agrees to accept a deed known as Bargain and Sale deed with covenants against grantor's acts. In the event Seller cannot deliver clean title, Buyer shall have the option to void this Contract and if Buyer elects to void this Contract, the deposit monies shall be returned to Buyer. If this Contract is canceled in accordance

2of 4

실제 부동산 매매 계약서 콘도 관련 조항   출처: (주)다부연

두려운 건 두려움 그 자체

요즘 지속해서 들려오는 부동산 시장 붕괴라는 미디어의 "카더라" 뉴스들 때문에 투자자이자 부동산 전문가라는 나도 잠시 두려움에 휩싸였다. 고환율, 고물가, 고금리, 3종 위기 세트….

'미국 부동산 시장도 혹시 한국처럼 이렇게 되는 거 아닌가?' 별생각이 다 들면서 미국 뉴스들과 전문가들의 발표를 읽으며 많은 생각에 잠겼다.

나의 어머니는 30년 넘게 미국에서 부동산 투자를 하며 닷컴 버블부터 LA 폭동, 그리고 9·11 테러 사건, 서브프라임 모기지 사태 등 미국 부동산 시장의 흐름을 바꾸는 굵고 큰일들을 겪으며 확고한 투자 철학을 가지게 되었다. 그중 하나가 남들과 똑같이 해서는 절대 성공할 수 없다는 것이다. 오히려 정반대로 움직일 때 큰돈을 만질 수 있었다고 항상 말씀하셨다.

리먼 브라더스 파산으로 인한 글로벌 금융위기 때, 나의 어머니는 본인의 건물에서 이마트 같은 슈퍼마켓을 운영하고 있었다. 그러다 은퇴를 결정하고 슈퍼마켓을 다른 사람에게 팔고 건물 월세만 그 사람에게 받기로 하셨다. 하지만 금융위기로 경제가 악화되고 이 세입자는 월세를 밀리기 시작했다. 그 사람의 사정을 딱하게 여긴 어머니께서는 몇 달을 월세를 받지 못한 채 기다려 주셨지만 얼마 지나지 않아 그 사람은 파산신청을 했다.

이 사람은 재산기록은 6개월 치만 본다는 파산법의 구멍을 이용해서 월세가 밀리기 바로 직전에 자신의 명의로 된 집을 자기 아내 명의로 변경해놓고 퀵클레임(quit claim)[7]이라는 법률 절차로 해당 매물의 소유권까지 포기해놓았다. 그렇게 되면 그 사람의 채무자들은 아내의 재산은 건들 수 없게 된다. 아는 게 힘이고 아는 만큼 보인다는 미국 시장의 대표적인 사례이다.

이 일이 터지니 어머니께서 가지고 있던 다른 건물들도 도미노처럼 문제들이 생기면서 하나씩 무너져 내려갔다. 우리 가족들에게는 정말 힘든 시기였다. 사람들은 별소리를 다 했다.

"그냥 은행이 차압하게 놔둬라!"
"여기서 더는 무리다."

---

[7] 부동산 소유권을 포기하는 절차이다. 이혼이나 유산 상속, 파산 절차 진행 시 자주 사용된다.

"부동산 시장은 무너졌다."

"건물들을 포기하고 싼값으로 내놓아라."

하지만 어머니는 꿈쩍하지 않았다. 오히려 완전히 버려진 매장에 들어가 장사를 다시 시작했다. 그렇게 버티고 있으니 그 건물을 사겠다고 누군가가 나타났는데 그게 누구였는지 짐작이 가는가? 바로 CVS이다. 미국 대형 약국 체인이다. 그리고 얼마 후 미국 부동산 시장은 회복했다.

나는 오랫동안 미국 부동산 시장에서 활발하게 활동하며 크고 작은 성공들과 어려움들을 지내오신 어머니를 지켜보았다. 그리고 훗날 부동산 법 변호사이자 나 자신도 부동산 투자자가 되어 많은 투자자의 케이스들을 맡아 진행하고 거래를 하다보니 깨달은 몇 가지 사실이 있다. 부자가 되기 위해서는 무조건 아래의 두 가지 사실은 잊지 말아야 한다는 사실이다.

첫 번째! 자기 자신을 믿고 남이 하는 이야기들은 걸러서 들어라

꾸준한 공부와 이러한 공부를 통해 쌓이는 지식은 자기 자신의 판단을 믿고 그것에 맞게 행동할 수 있게 해주는 실행력과 용기를 준다. 그렇게 되면 아무리 주위 사람들이 뭐라고 해도 미디어에서 뭐라 떠들어대든지 끝까지 내 판단을 믿고 밀고 나갈 수 있게 된다.

2009년 글로벌 금융위기 때도 공부하며 준비한 사람들은 어떠한 말에도 흔들리지 않았고 담대하게 투자하고 그만큼 돈을 많이 벌었다. 부동산 가격이 끊임없이 내려가며 부동산 시장이 붕괴하였다는 무시무시한 말들로 사람들이 두려움에 휩싸였을 때, 이들은 뒤에 숨는 대신 과감히 투자했다. 시장이 공포에 휩싸였을 때, 부동산 투자 고수들은 싼값에 나온, 투자 가치가 높은 부동산을 사들였다.

그 후에 부동산 시장은 회복이 되었고 이들은 큰돈을 손에 쥐었다. 무지와 두려움으로 인해 좋은 투자기회를 놓치는 게 아닌 두 팔 벌려 기회를 잡은 것이다. 서브 프라임 때 바닥을 친 부동산들을 싼값에 매입 후 훗날 팬데믹 때 집값이 상상 이상으로 올라갔을 때, 그 집들을 처분한 이들을 부동산 투자의 고수 중의 고수이며 부동산 시장의 승리자라고 생각한다.

우리는 많은 커뮤니티 사이트들과 뉴스 그리고 사람들의 입을 통해 많은 정보를 입수한다. 정보 폭탄이 하루에도 몇 번씩 터지며 우리를 혼란스럽게 한다. 하지만 그중 몇 개가 얼마나 진실에 가까울까?

이제는 모든 게 끝난 것 같고 제2의 IMF가 올 것 같고 부동산 시장은 무너질 것 같다는 별생각들이 다 들지 않는가? 현명한 투자자들은 그동안 쌓인 지식과 올바른 정보 분류를 통해 어떤 게 실제 존재하는 위험인지 구분한다. 그저 구독자와 조회수를 늘리기 위한 자극적이고 충격적인 내용들인지 아니면 실제 위험인지 현명한 투자자들은 구분을 할 수 있다.

실제 미국 부동산 시장 상황은 어떨까?

그렇다. 미국 부동산 시장은 가격조정에 들어갔다. 뜨거웠던 부동산 시장의 열기가 식었고 일부 지역들은 구매자 우위 시장으로 돌아섰다. 전문가들은 대략 5% 정도의 가격 하락을 예상하며 어떤 지역들은 오히려 가격이 상승하고 있다. 가격이 내려가는 지역은 핫했던 시장이 쿨해지는 것이지 시장이 붕괴하고 있는 건 아니다. 가격조정이 이루어지고 있으며 구매자들에게는 좋은 소식이 아닌가.

서브 프라임 때와 지금 시장은 완전하게 다르다. 주택 공급량부터 다르고 부동산 소유주들이 가지고 있는 순자산 금액 자체가 다르며 이들은 팬데믹 때 낮은 고정금리로 재융자를 받아놓았다. 상황 자체가 다르다는 얘기다.

각종 매체를 통해 흘러나오는 얘기들로 인해 시장이 너무나 상황이 안 좋아 보일 수 있지만, 전체적인 상황들을 고려해봤을 때 그 안에서도 다른 흐름과 또 다른 기회들이 존재한다. 금리가 높아지면서 수요가 줄었고 대신 월세시장으로 모두 몰렸다.

그리고 미국은 전세가 없다. 월세시장으로 모두 몰렸으니 임대사업을 하는 사람들은 노났다. 이 또한 계속되는 현상도 아니며 정치적인 방향에 따라 금리는 내려갈 것이고 부동산 시장은 다시 활력을 찾을 것이다.

주거 시장은 사람이 사는 공간을 제공하는 시장이다. 사람이 먹고 자고 쉬는 공간, 사람이 일하고 돈을 버는 공간을 제공하는 시장이다. 인구가 줄어들기 직전까지 부동산 시장은 죽을 수가 없다. 다행히 미국은 원만한 이민정책으로 인구 문제를 해결했으며 오히려 꾸준히 올라가는 추세이다.

미국의 리쇼어링(해외로 진출했던 미국 기업들의 생산시설이 미국으로 이전) 현상으로 더 많은 일자리가 창출되며 많은 인구 이동이 예상된다. 미국 내로 일자리와 인구가 유입된다는 건 더 많은 주택 공급이 필요해진다는 것이며, 현재 미국 부동산 시장의 주택 공급은 수요를 따라가지 못하고 있다.

두 번째! 교육에 투자하고 세미나에 참석하라!

내가 공동대표로 있는 (주)다부연을 통해 만나는 미국 부동산 투자자들을 보면 특징이 있다. 이미 미국 부동산에 투자한 투자자들도 있고, 투자 전 미국 시장에 관해 공부하고 준비하는 투자자들도 있다. 이들이 다부연의 프로그램을 참여 후 꼭 하는 말이 있다.

이미 미국 부동산을 매입한 투자자들은 이 모든 내용을 미리 알았다면 이렇게 성급하게 투자를 결정하지 않았을 것이라고 한다. 한편 투자하려는 예비 투자자들은 미국 부동산 시장의 전반적인 흐름을 보기 시작했으며 다양한 전략들과 절세 방법, 미국 시장의 흐름을 읽는 여러 방법들을 통해, 리스크를 최대한 줄이며 자신의 소중한 자산을 지키고 더욱 크게 키울 방법을 깨달았다고 한다. 또한 미국 부동산 시장을 볼 수 있게 되면 한국 부동

필자가 진행하는 (주)다부연 부동산 투자 정규과정

산 시장도 보인다면서 일석이조의 이득을 체감하고 간다.

투자를 결정하기 전 꾸준한 공부와 교육을 통해 지식을 쌓고 전략을 배우며, 무지와 두려움으로 인해서 현명하지 못한 판단을 내리지 말아야 하겠다. 부동산 관련 책도 많이 읽고 공부할 수 있는 모든 걸 공부해서 기회가 왔을 때 잡길 바란다. 열심히 공부하여 자신의 자산을 지킬 수 있고 증식시킬 수 있는 시장에 들어가 똑똑하게 투자를 할 수 있기를 바란다.

투자자들이 내게 자주 하는 질문이 있다. 미국 부동산 투자 적기를 언제로 생각하냐는 질문이다. 부동산 투자는 매우 개인적인 결정이므로 투자 적기가 따로 있다고 생각하지 않는다. 시장을 예측하고 타이밍을 재는 행위 자체가 신의 영역이며 우리가 할 수 있는 최선은 무릎에 사서 어깨에 파는 것이다. 수익률을 제일 극대화할 방법은 다른 투자자들과 반대로 움직이는 것, 즉 두려움에 사서 환희에 파는 것이다. 아마 투자자들에게는 익숙한 문장이라고 생각한다.

높아진 금리와 얼마 동안의 강달러 현상이 지속되면서 미국 부동산 투자에 대한 한국 투자자들의 투자 심리가 위축되었던 것도 사실이다. 높은 금리는 투자자들의 구매력을 떨어트리고 현지 구매자들의 매매수요도 높은 금리로 인해 떨어지면서 몇몇 지역에서 집값이 하락하는 추세다.

투자자들은 더욱 집 가격이 내려갈 거라는 생각에 투자를 미루며 관망하고 있다. 연준이 금리를 인하하고 지금보다 더 환율이 떨어지면 그때 투자하겠다고 하는 투자자들도 많다. 2023년 하반기나 2024년부터 투자 기회가 많아질 거로 생각하는 사람들도 적지 않다. 2025까지는 기다려야 한다는 사람들도 많다.

또 한편으로는 그때가 되면 또 집값이 올라갈 수 있기 때문에, 집값이 내려가고 있는 지금을 투자 적기로 보는 투자자들도 있다. 매수자 우위 시장이기 때문에 판매자와 가격을 협상하기도 쉽고 다른 인센티브도 받을 수 있다. 계약할 때도 우위에 있기 때문에, 계약조항을 자신들에게 유리하게 넣을 수도 있는 등 더 많은 이익이 지금 미국 부동산 시장에 있다고 생각하는 투자자들도 많다.

미국에서는 높은 금리로 대출받아도 후에 금리가 떨어지면 재융자를 받을 수 있고, 한국과 달리 오퍼(입찰로) 거래가 진행되기 때문에, 금리가 내려가고 시장의 분위기가 달라지면 투자자들이 모여들게 된다. 괜찮다 싶은 부동산에는 가격 경쟁이 붙어 더 높은 가격으로 부동산을 매입할 수밖에 없다. 그때는 매도자 우위 시장으로 계약 면에서도 그리고 가격 면에서도 협의하기 힘들기 때문에 요즘같이 매매수요가 없는 부동산 시장 침체기가 적기라고 볼 수 있다는 말이다.

어떤 판단을 내리든지 현명한 판단을 내리기 위해서는 자신의 투자성향과 투자 목적은 물론 해당 시장에 대한 충분한 공부가 꼭 필요하다고 본다. 부동산 시장은 여러 요인으로 영향을 받고 흐름이 달라진다. 정부의 부동산 정책, 세금, 금리, 인구변화, 경제 상황 등 다양한 요인들로 인해 부동산 시장은 변화를 겪는다. 이런 이유로 투자를 고려하고 있는 부동산 시장에 대한 충분한 공부가 꼭 필요하다고 생각한다.

해당 시장의 법률과 정책, 문화와 특징 적어도 거래 절차와 거래 과정에 개입되는 전문가들의 역할 및 수익률 계산 방법, 온라인 임장 방법 등을 공부하여 투자 결정을 내려야겠다. 각 분야의 전문가들이 거래의 처음부터 끝까지 적절한 도움을 주겠지만 투자자 개인도 어느 정도 필수 지식을 가지고 있어야지 그 도움을 효율적으로 운용할 수 있게 된다. 무지와 두려움이 더 큰 리스크를 만든다.

철저한 준비와 충분한 지식은 투자에 자연스럽게 따라오는 리스크를 최소화하며 불합리한 두려움을 없애고 더 큰 기회를 잡게 한다. 언젠가 내 앞에 모습을 드러낼 그 기회를 위해 준비를 하고 있자.

투자자들을 돕는 변호사이자 투자자인 나 자신도 두려움을 버리고 공부를 계속하며 준비하기로 했다. 기회가 왔을 때 온몸으로 그 기회를 받아들이기 위해 계속 준비하며 때를 기다릴 것이다.

나와 같은 비전을 가진 사람들과 선한 영향력을 끼치며 사람에게 제일 중요한 주거 공간을 꼭 필요한 사람들에게 제공해주는 센터를 설립하고자 한다. 비와 눈을 피하고 내 한 몸 눕힐 수 있는 편한 집이라도 있으면 무너졌던 사람들도 다시 일어설 수 있는 용기를 가질 수 있다. 그 공간…. 그걸 난 만들 것이다.

모든 사람이 부자가 되기를 간절히 바란다. 부동산으로 부자가 되어 더욱 선한 영향력을 많은 이들한테 미치기를 정말 간절히 바란다. 그리고 그 과정에 내가 조그마한 힘이 될 수 있기를 바란다.

2장

대체투자

에릭 나(Erick Rah)

테네시 대학(University of Tennessee)에서 신문방송학과(Journalism and Electronic Media Major, BS in Communication)을 전공하고 2005년부터 재무상담사로 근무했으며 2009년에는 파이낸셜 매니저로 2020년까지 근무했다. 2021년에 이엠피 파이낸셜 네트워크(EMP Financial Network, Inc)라는 금융 회사를 설립해서 CEO, CFO, COO를 맡았다. EMP 파이낸셜은 한인 사회에 유일하게 대체투자(Alternative Investment) 부문의 정보를 제공하는 회사로 자리 잡고 있다. 2022년에는 자산 운용 대표(EMP Wealth Management, LLC)도 겸임하면서 25명의 재정 전문가와 재무상담사를 두고 있다.

대체투자란?

부동산 수익 펀드로 하는 대체투자

요즘 투자하는 투자자 사이에서는 대체투자 상품(Alternative Investment)이 많은 관심과 주목을 받고 있다. 특히 요즘 젊은 사람들 사이에서 대체투자에 관한 관심은 하늘을 찌르고 있다.

대체투자 상품이란 기존에 일반 투자자들이 투자하던 예금이나 적금, 보험 상품, 주식이나 채권을 제외한 대상에 투자하는 것이다. 투자 종류에는 부동산, 원자재, 금, 항공기, 미술품이나 와인 등 원리적으로 모든 것이 투자 대상이 될 수 있다.

최근 들어 MZ세대들이 관심을 두고 투자하는 크라우드 펀딩 같은 방식이 있다. 영화나 음원에 투자하는 방식인데 가장 대표적인 건 2016년 1억 9,000만 원이라는 투자금을 모은 〈너의 이름은(君の名は)〉이라는 작품이 있겠다. 수익률 약 41%를 기록한 것

이다.[8]

클래식카 또는 바비인형에 투자해서 큰돈을 손에 쥔 투자자들도 꽤 있다. 다락방에 뒹굴뒹굴하며 골칫거리로 전락했던 애물단지 만화잡지들도 훗날 주인에게 큰 선물을 주는 경우도 있다.

2008년 글로벌 금융위기를 기억하는 사람들은 그때 얼마나 주식과 채권 가격이 급락했는지 알 것이다. 대체투자는 주식과 채권 시장과 나란히 가지 않는다. 이 둘이 하락하더라도 대체투자 시장은 굳이 함께 하락하지 않는다는 의미다. 가격의 변동성이 크지 않기 때문에 안전하게 내 자산을 지킬 수 있는 한 방법이다.

모든 투자에는 리스크가 존재하듯이 대체투자에도 위험은 있다. 채권보다는 위험률이 높고 주식보다는 위험률이 낮다. 채권보다 수익률이 높고 주식보다는 수익률이 낮다. 다시 말해서 중위험 중수익 투자방법이다. 이런 이유로 고정 수입이 없는 은퇴자들에게 추천하는 투자 방식이다.

현재 금리가 급격히 올라가는 상황에서도 주식과 채권의 변동성이 너무 커서 계속해서 대체투자 상품에 대한 수요가 엄청나게 몰리고 있다.

예를 들어 내가 부동산에 투자하고 싶을 때 직접 부동산을 사서 관리하면서 수익을 기대하는 기존 방법이 있겠지만 리츠나 부동산 수익 펀드로 대체투자를 할 수 있는 것이다. 이런 방법으로

---

8) 하현옥 기자, 〈일본 애니 '너의 이름은'이 성공할 수 있었던 까닭은… 증권형 크라우드 펀딩〉, 중앙일보, 2020.10.14, https://www.joongang.co.kr/article/21947806#home

낮은 수수료로 부동산 전문가들이 펀드를 관리하고 높은 수익률을 기대할 수 있다.

하나의 예로 부동산 수익 펀드는 연 6.3%의 수익률에 부동산 임대수익을 매월에 나누어서 주고 있으며 부동산의 가격 변동에 대한 이익률도 기대할 수 있다. 이 펀드의 평균 수익률은 임대수익을 제외하고도 연 10% 이상의 수익률을 올리고 있으며 내가 필요할 시에는 언제든지 돈을 인출할 수 있다는 장점도 있다.

또한 양도세를 미룰 수 있는 1031 익스체인지라는 세금혜택 프로그램이 존재한다. 이 1031 익스체인지를 할 때 개인이 혼자 보유하던 부동산으로 진행할 수도 있다. 하지만 델라웨어 법정 신탁(DST, Delaware Statutory Trust) 부동산 투자를 통해서 규모나 가치가 크고 등급이 높은 건물들에 여러 투자자와 같이 투자하면 세금이나 건물 관리를 하면서 겪어야 하는 어려움들을 원천적으로 해결할 수 있다.

DST 부동산 투자에 대한 자세한 설명은 다음 장에 하도록 할 테니 궁금증은 조금만 참아 주기를 바란다. 성격 급한 분들은 피가 마르는 순간일지도 모르니 금방 끝내겠다.

또한 대표적인 대체투자로 분류되는 것이 석유와 가스투자 상품이다. 실제로 미국에서는 석유나 천연가스를 채굴하는 회사에 대체투자를 할 수 있다. 특히 이 석유와 천연가스 대체투자는 엄청난 세금혜택을 미국 국세청(IRS)에서 주고 있다. 내가 투자한 금액의 75~90%까지 투자 첫해에 세금공제(Tax Deduction)를 받는다.

가령 내가 50만 달러를 투자하면 그해에 최고 45만 달러까지 세금공제를 받을 수 있다. 그리고 나서 내 투자의 원금 상환을 보통 4~5년 안에 돌려받고 그 후로는 4~8%의 수익을 매년 받을 수 있다.

원금 상환 후에 수익은 보통은 10~15년 정도 계속해서 수익을 받을 수 있지만 프로그램에 따라 20~25년까지도 수익을 계속해서 받을 수 있는 프로그램들도 있다.

미국의 연금기관에서도 현재는 30%가 넘는 투자를 이러한 대체투자로 하고 있다. 더 낮은 위험성과 변동성을 고려해서 대체투자를 늘려가고 있다. 이러한 대체투자 상품들, 특히 석유와 가스, DST, 또는 특정 부동산 펀드들은 일반 재정 상담가는 취급할 수 있는 상품이 아니므로 한인 사회에서는 많이 알려지지 않았다.

면허증을 가지고 있는 재정 자문인이어도 소속된 회사에 따라 취급할 수도 있고 없을 수도 있다. 투자자가 더욱더 많은 투자옵션을 가지고 투자를 고려한다면 위험성, 적합성, 그리고 수익성에 더욱더 많은 기회가 있으리라 생각한다. 그러므로 재정전문가와 적극적인 상담을 진행 후 투자하는 것을 권장한다.

DST란?

 2022년 9월에는 한국의 명절, 추석이 있었다. 미국에 있다 보니 추석이라는 걸 잊거나 실감하지 못하고 지나가는 경우가 많은데 그러던 중 한국 신문에서 기사를 보게 되었다.

 '금상추'라는 별명을 갖게 된 상추 등 채솟값 폭등에 상인, 서민들이 고민이 많다는 것이다. 심지어 식당에서 상추 대신 명이나물로 대체되었다고 한다. 그 비싼 명이나물이 상추보다 저렴해지다니 웃을 수도 울 수도 없는 얘기가 아닐 수 없다.

 팬데믹 기간 동안 가족들이 모이지 못하고 함께 명절을 지내지 못한 게 몇 년인데 이제야 상황이 어느 정도 안정이 되어 모이겠다는데 물가가 너무 올라 호주머니 사정이 가벼워졌다는 게 한국에 사는 내 지인들의 불평이다. 그러다 보니 추석 음식 만들기도 부담이 되고 즐거워야 할 추석이 울상만 짓는 그런 명절이 되었다.

높은 물가는 사람들의 호주머니 사정을 나쁘게 만들고 소비심리를 위축시킨다. 호주머니가 가벼우니, 마음이 무거워지고 가족들과 모이는 자리까지 불편하게 만드는 인플레이션! 나의 자존감을 깎아 먹고 아무것도 하지 못하게 내 손발을 묶어 놓는 이 인플레이션을 피할 방법이 있을까?

물론 전통적인 방식으로는 인플레이션을 피할 수 없다. 우리가 알고 있는 투자 방식인 예금, 주식 등으로는 때만 되면 나타나는 스토커 같은 인플레이션을 피하기는 무리다. 그 이유는 화폐의 가치가 떨어지기 때문이다.

30년 전 떡볶이 값을 생각해보자. 1,000원이면 친구들과 배불리 먹고도 남았다. 그런데 지금은 어떤가? 떡볶이 한 그릇 배불리 먹으려면 20,000원은 족히 필요하다. 그만큼 돈의 가치가 하락을 한 것이다. 그때의 1,000원의 가치와 지금의 1,000원의 가치는 너무나 달라졌다.

그럼 대체 어떤 방법으로 피할 수 있냐고 내게 소리를 지르는 독자들이 눈앞에 그려진다. 현금이나, 예금, 주식 같은 전통적인 방식이 아닌 그 외 방법이면 된다. 금이나, 그림, 펀드 등이 있는데 그중에 부동산에 관해 얘기해보려고 한다. 대한민국에 "부동산 불패"라는 단어가 생긴 것처럼 한국 사람과 부동산은 별개로 생각하기 어렵다.

무조건 같이 다녀야 하는 "쌍쌍바"처럼 그 둘은 너무나 가까운

사이다. 하지만 지난 정권에서 다주택자들을 향한 부정적인 인식과 그들을 향한 제재로 문제가 많았던 것도 사실이다. 세금 중과에 대출 규제, 그리고 하늘을 찌르는 종부세까지 그들의 목을 죄는 정책들로 인해 대한민국 국민들은 숨을 제대로 못 쉴 정도로 힘든 시간을 보냈다.

그런 이유로 미국 부동산 투자는 대한민국 국민들, 특히 다주택자들의 문제들을 한 번에 해결해주는 방법으로 큰 인기를 누리기 시작했다.

취득세도 없고 다주택자들에 대한 규제도 전혀 없으며 양도세까지 미룰 수 있는 세금 프로그램이 있으니 죄인 취급 받던 다주택자들에게는 희소식이 아닐 수 없다. 하지만 그들에게도 고민이 있었으니 대체 태평양을 건너 머나먼 한국 땅에서 미국 부동산을 어떻게 매입해 관리/운용을 할 것인가 하는 문제이다.

물론 미국은 부동산 관리 전문회사가 발달해서 크게 걱정할 일이 아니다. 임대료도 높을뿐더러 임대료의 약 10% 정도만 관리비용으로 들어가면 되니 말이다.

그러나 모든 사람이 그런 걸 원하는 건 아니다. 은퇴를 준비하는 부부를 생각해보자. 그들이 원하는 건 무엇일까? 관리회사에 맡긴다고 해도 온전히 회사에 맡기고 뒷짐 지고 지켜만 볼 수는 없을 것이다. 분명 어느 선부터는 집주인이 개입해야 한다.

예를 들어 집수리해야 한다. 관리회사가 수리회사 몇 군데에서 견적을 받아 왔다. 어디를 선택해야 할까? 그동안 아무 문제가 없었던 세입자가 갑자기 속을 썩인다. 회사를 갑자기 그만두게 되어 월세를 낼 돈이 없으니 두 달만 기다려 달라고 한다.

세입자 상황이 확실히 딱하긴 하다. 두 달 까짓거 기다려 줄까? 아니면 내보낼까? 그것도 집주인이 결정해야 할 문제이다. 머리 아플 일이 한두 개가 아니다. 부부는 아무것도 신경 안 쓰고 편하게 크루즈 여행이나 다니고 사랑하는 아들내미를 쏙 닮은 손녀를 만나러 다니고 싶은데 말이다.

부동산에 투자는 하고 싶지만, 거기에 딸려오는 문젯거리도 치워버리고 싶다. 그럴 때 고려해볼 수 있는 투자방법이 DST이다. DST는 하나의 신탁으로 실제로 보유한 건물이나 투자자들의 투자금액을 넣어 놓고 관리하면서 운영하는 방식이다.

투자 전문회사들이 규모가 큰 부동산 건물을 매입하고 많은 투자자가 이곳에 투자해서 같이 수익률을 분배받는다. DST는 실제 부동산에 투자하는 것으로, 매달 나오는 임대수익과 함께 훗날 부동산이 가격이 많이 올라 팔 때도 많은 수익을 받을 수 있다.

투자 전문회사들이 DST 부동산으로 다세대 아파트, 아마존 물류센터, 창고, 호텔, 쇼핑몰, 의료 센터, 노인 아파트, 대학교 기숙사 이외에 다른 여러 가지 종류의 부동산을 구매한다.

그리고 투자 전문회사가 직접 운영하면서 투자자를 모으고, 매달 투자자들과 월 임대수익, 이후에 부동산 매매를 통해 발생하는 수익을 나누는 방식이다. 현금흐름(Cash Flow), 즉 임대수익으로는 부동산 종류에 따라 다르겠지만 매년 4~7% 정도에 이른다.

DST를 통해서 투자회사들이 매수, 매도, 100% 운영을 하므로 투자자들은 건물 관리, 부동산세(Property Tax), 보험, 위험관리를 전혀 신경 쓰지 않아도 되는 것이다. 여기서 기억해야 할 것은 4~7%는 순수익이라는 것이다.

부동산 관리비용이나 세금, 보험료 등 부동산을 유지하며 발생할 수 있는 각종 비용은 투자자의 책임이 아닌 투자회사의 책임이기 때문에 매년 투자자의 통장에 찍히는 수익은 순수익이다.

예를 들어, 내가 10만 달러를 투자했다고 보자. 현재 환율이 올라 원화로 약 1억 3,700만 원 정도 한다. 그럼 순수익을 평균 6%로 잡으면 매년 6천 달러가 내 통장에 찍히는 것이다. 원화로 약 825만 원이다. 변기 터졌다고 야밤에 수리업자를 알아볼 필요도 없고 여자친구를 집에 데려와 밤마다 파티하며 소음을 일으키는 세입자와 얼굴 붉히며 얘기를 나눌 필요도 없다.

부동산관리회사에 맡기더라도 거기서 발생하는 간헐적 문제들을 고민할 필요도 없는 것이다. 그저 크루즈를 타고 태평양을 건너며 내 통장에 찍히는 아름다운 숫자들만 감상하며 여행을 즐기면 된다.

이쯤 되면 DST 부동산에 대한 관심이 증폭되었을 거라 믿는다. 다음 장에서는 이 DST 부동산의 장점과 주의할 점을 살펴보려고 한다. DST 부동산의 매력을 더욱 느낄 수 있을 테니 절대 책을 덮지 말고 끝까지 그 매력에 함께 빠져주길 바란다.

DST의 장점은?

1031 익스체인지가 가능한 DST 부동산 🌐

이제 충분히 DST 부동산에 대해 독자들이 이해했을 것이라고 생각한다. DST는 부동산을 소유함으로써 생길 수 있는 각종 이슈를 사전에 차단하고 부동산을 소유하면서 발생하는 이익은 최대화할 수 있는 좋은 투자방법이다.

조물주 위에 건물주라고 이제 '갓물주'라는 말까지 유행처럼 번지고 있다. 하지만 한국에서는 이 갓물주라는 타이틀을 따기가 웬만하면 쉽지 않다. 어떻게 해서 겨우겨우 '갓물주'가 되어도 임대수익률이 저조해 울상이다. 그래서 빌딩 가격이 오르기만을 기다릴 뿐이다.

현재 강남 부동산의 평균 임대수익률은 3~4%라고 한다. 그보다 더 낮은 경우도 허다하다. 예를 들어 지하철 4호선 숙대입구역에 위치한 꼬마빌딩 같은 경우 연 임대수익 2,400만 원 밖에 안 된다. 연수익률로는 0.44%이다. 매매가는 55억 원, 70%를 대출받아 매입한다고 해도 이자만 1억 5,000만 원이다.

연 임대수익이 낮아도 그동안 매매가 이루어진 이유는 시세차익의 기대감이었는데 이제는 한국 부동산 시장이 위축되면서 그마저도 없다고 한다.[9] 지금은 건물이 팔렸는지 모르겠다. 시장이 더 얼어붙으면서 구매자가 나타났는지 의문이다.

성동구 성수동에 있는 꼬마빌딩도 마찬가지다. 역에서 3분 거리의 역세권에 위치한 빌딩인데 4개월이 되도록 팔리지 않는다고 한다. 매매가격 70억 원인데 임대수익은 2,000만 원 밖에 안 된다고 한다. 리모델링한다면 어쩌면 임대료를 조금 올릴 수 있지만 계산이 맞지 않을 것이라는 게 지역 중개인의 의견이다.

하지만 DST 부동산은 모든 운용비용을 제외한 순수익률만 평균 6%이며 부동산을 운용하며 생길 수 있는 관리나 세입자 문제까지 없다. 머리 아픈 거 싫고 바쁜 현대사회를 살아가는 직장인이나 노후대책을 고민하는 투자자들이나 은퇴를 준비하고 있는 투자자들에게 희소식이 아닐 수 없다.

거기에 소액으로도 투자가 가능하니 두 팔 벌려 환영해도 모자랄 판이다. 10만 달러로도 높은 등급의 훌륭한 가치의 빌딩 소유주가 될 수 있다니 거기에 내 세입자가 아마존이나 CVS라니 폼

9) 정서영 기자, 〈'갑물주' 옛말… 꼬마빌딩 거래 1년새 반토막〉, 동아일보, 2022.4.8, https://www.donga.com/news/Economy/article/all/20220408/112753724/1

까지 난다. DST 부동산의 장점으로는 다음과 같다.

가장 큰 장점으로는 첫 번째, DST 부동산은 1031 익스체인지가 가능하다는 것이다. 다음 장에서 더 자세하게 다루긴 하겠지만 부동산 소유주는 기존 부동산의 판매자금 모두를 판매 후 6개월(180일) 안에 다른 대체 부동산에 투자하게 되면 양도세 납부를 연기할 수 있다.

1031 익스체인지는 정해진 기간 안에 판매자금 모두를 다른 부동산 구매에 사용하면 실질적으로 이득이 발생하지 않았으므로 양도세는 발생하지 않는다는 세법에 따른 프로그램이다.

양도세를 납부하지 않고 미룰 수 있다는 것은 투자자 입장에서 정말 큰 혜택이다. 세금으로 납부할 뻔한 그 금액으로 더 큰 자산에 투자를 할 수 있으니 자산증식이 빠르며, 세법에 의해 상속자의 취득가도 상속받을 시의 부동산 시세로 결정이 되므로 바로 판매할 시 양도세도 없어지게 된다.

1031 익스체인지는 횟수 제한과, 금액의 제한이 없어, 평생 여러 번에 걸쳐 지속적으로 사용하여 양도세 납부를 계속 미룰 수 있다. 마지막에는 자녀에게 상속하면 그동안 미루던 양도세도 사라지므로 자산 증여 목적에도 유용하게 사용할 수 있는 것이다.

두 번째, 투자자가 DST 부동산을 전혀 관리하지 않아도 된다는 점이다. "주식으로 부자가 되지 않은 사람은 있지만 부동산으로 부자가 안 된 사람은 없다"라는 말이 있는 것처럼 부동산 투자는 자산증식에 많은 이점이 있다.

특히 요즘같이 고금리 시대에는 화폐 가치가 떨어지고 주식 같은 전통적인 투자방법은 변동성이 높으므로 리스크가 크다. 이런 상황에서 부동산은 인플레이션 헷지 수단으로 주목받는다. 부동산 같은 실물 자산은 하늘 높은 줄 모르고 치솟는 물가의 피해를 피해서 갈 수 있는 좋은 투자처이다.

하지만 이런 이점을 알고서도 모든 투자자가 부동산에 투자하기는 어려울 것이다. 특히 요즘같이 인구의 고령화가 빠른 상황에서 은퇴 준비하는 투자자들이나 이미 은퇴한 은퇴자들에게 부동산에 투자해서 부동산 관리를 하는 것조차도 부담이고 힘든 일이다. 이들은 물론이고 젊은 사람들에게도 마찬가지다. 이미 안정적인 직업이 있는 사람들은 부동산에 투자하고 싶지만, 거기에 들어가는 시간과 에너지 때문에 꺼릴 수도 있다.

미국처럼 부동산관리 전문회사가 많이 발달한 나라에서는 부동산 관리를 회사에 맡겨도 되겠지만(비용도 그리 많이 들지 않으며 임대료의 약 10% 정도만 부동산 관리 비용으로 내면 된다) 아예 뒷짐 지고 지켜만 볼 수도 없는 노릇이다. 어느 정도 신경은 써야 할 테니 말이다. 부동산을 소유하면서 생길 수 있는 세입자와의 문제, 아니면 수리 문제 등은 집주인에게 골칫거리를 안겨준다.

DST 부동산은 관리가 전혀 필요하지 않으며 세입자나 부동산 관리는 DST 스폰서, 즉 부동산 투자 전문회사의 책임이다. 스폰서는 DST를 설립하고, 적합한 매물을 찾고, 대출을 받고 거기에

다 관리까지 모든 책임을 져야 한다. 대출 또한 투자자들의 책임이 아닌 DST의 책임이기 때문에 혹시 훗날 무슨 문제가 생긴다고 하더라도 투자자들에게는 책임이 전혀 없다.

세 번째, 낮은 투자금으로 높은 가치의, 이미 리모델링 등 업그레이드가 된 여러 가지 DST 부동산의 지분을 살 수 있다. 일반적으로 현금으로 구매 시 2만 5천 달러부터 투자가 가능하며 1031 익스체인지를 통한 대체매물로 구입시 10만 달러부터 시작한다. 이런 큰 기관들만 투자할 수 있었던 높은 가치의 매물들에 투자하려면 상상도 못 하는 높은 투자금이 필요할 것이다.

그런데 DST 부동산은 개인 투자자가 낮은 가격으로 투자하고 지분을 가질 수 있는 특별한 형태의 부동산이다. 또한 투자자금을 몇 개의 신탁에 나눠서 투자를 할 수 있기 때문에 투자 포트폴리오를 다각화할 수 있다.

가령 100만 달러의 투자금으로 다양한 지역에 25만 달러는 물류창고, 25만 달러는 아마존 물류센터, 25만 달러는 쇼핑몰, 25만 달러는 아파트 단지 등으로 분산투자가 가능하다. 그러니 지역의 특색에 맞고 수요가 많은 특정 부동산 종류에 분산투자가 가능하니 훨씬 안전하다.

네 번째, 매달 받는 임대수익에 대해서 세금혜택도 볼 수 있다. DST 부동산도 실제 부동산이기에 감가상각을 받는다. 전 장에서 설명했듯이 미국은 주거용 건물 같은 경우 27.5년, 상업용 건물은 39년에 걸쳐 감가상각을 받게 된다. DST 부동산은 감가상각을 더 짧은 기간인 10년에 몰아서 받을 수 있다는 장점이 있다.

짧은 기간동안 많은 금액을 받고 훗날에 팔면 그만큼 반환해야 하는 금액이 많아지니 개인 투자자들은 사용하기 부담스럽지만, DST 부동산은 규모가 크기 때문에 감가상각액 가속화로 인한 부담이 덜하다.

예를 들어보겠다. 건물 가치가 100만 달러이며 임대수익이 10만 달러인 주거용 건물이 있다. 27.5년으로 나누면 매년 감가상각 금액인 약 3만 5천 달러와 대출 이자 및 부동산세, 수리 비용 등의 약 5만 달러를 제하면 약 1만 5천 달러가 과세소득이 되고 여기에 맞는 세율이 적용되어 세금이 줄어들게 된다. 이러한 예시는 감가상각액 가속화를 이용하지 않은 예시이다. DST 부동산은 10년에 몰아서 감가상각을 받을 수 있기 때문에 과세소득이 더욱 줄어들 수 있게 되는 것이다.

10만 달러 – 약 3만 5천 달러(감가상각금액) – 약 5만 달러(대출 이자 및 부동산세, 수리 비용 등) = 약 1만 5천 달러

그리고 DST 부동산이 텍사스, 플로리다, 네바다, 테네시 등 특정 주에 있는 경우에는 임대수익으로 받은 소득은 주 소득세를 내지 않아도 된다. 위의 주와 몇몇 다른 주들은 주 소득세가 존재하지 않기 때문이다. 본인의 소득이 높은 경우에는 절세를 할 수 있는 아주 좋은 투자처가 될 수 있다.

그래서 건물들을 많이 가지고 있는 부동산 소유주들은 소득세를 부여 하지 않는 주들, 예를 들어 텍사스, 테네시, 와이오밍, 플로리다 같은 주의 부동산만 구매하는 경우가 허다하다.

대표적인 예는 전 미국 대통령 도널드 트럼프이다. 트럼프의 주거지가 어디에 있는지 아는가? 소득세가 없는 플로리다이다. 테슬라의 소유주인 일론 머스크도 소득세를 피하고자 캘리포니아에서 텍사스로 옮겨 갔다. 주 쇼핑을 하는 것과 다름이 없다.

이런 이유로 DST 부동산 투자자들은 소득세가 없는 주들에 위치한 DST 부동산에 투자하며 절세를 노리고 수익을 극대화한다.

마지막으로 상속과 관련한 문제들을 사전에 방지할 수 있다. 예를 들어 이 시나리오를 생각해보자. 큰 건물을 소유 중인 투자자가 큰아들과 작은아들에게 건물 지분 50%씩 상속했다. 큰아들은 경제적으로 여유롭기 때문에 당장 큰돈이 필요하지 않다.

그래서 해당 건물을 팔지 않고 기다렸다 시세차익을 보고 싶어한다. 하지만 작은아들은 재정적 문제들이 많아 상속받은 이 건물 당장 팔아 본인의 지분을 현금화하고 싶어한다.

이런 경우 둘의 분쟁은 생길 수밖에 없다. 매우 혼잡하고 심한 싸움이 시작되는 것이며 그런 사례들을 종종 보게 된다. 그럴 때마다 너무 안타깝다.

만약 이분이 DST 부동산으로 하나는 큰아들에게 또 다른 하나는 작은아들에게 나눠줬으면 어땠을까? 그랬다면 물론 1031 익스체인지를 통해 양도세도 연기도 되고 형제간의 우애도 지키며 상속받은 자녀들의 자산까지 증식시키는 좋은 방법이었을 테니 말이다.

이런 여러 가지 장점 때문에 지난 수년부터는 DST 부동산이 크게 성장하고 있어 공급이 수요를 따라가기 힘든 상황이다. 보통 투자회사의 1,000만 달러 투자제안이 시작되면 8~10주면 투자자 모집이 끝날 정도로 인기가 많다.

그럼 어떠한 투자자들이 DST 부동산에 적합할지를 예를 들어 보려 한다. 1031 익스체인지는 부동산 투자를 하는 사람들에게만 주어지는 세금유예 방법이다. 적극적으로 활용을 해야 한다. 일단 1031 익스체인지를 하고 싶은데 더 이상 건물 관리가 힘든 경우, 아니면 45일 안에 대체매물을 찾을 수 없는 경우, DST 부동산은 대비책으로 유용하다.

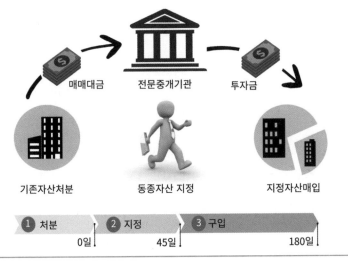

1031 익스체인지의 원리

실제로 이런 경우를 많이 보는데 만약 45일 안에 1031 익스체인지를 할 매물을 1~2개 정도 지정해 놓았고 6개월(180일) 안에 마무리하기 위해 거래를 진행하다 계약이 취소되는 경우를 상상해보자.

이런 상황을 대비해서 DST 부동산 매물을 하나 지정해 놓은 것이 바람직하다. DST 부동산은 에스크로가 필요 없이 바로 진행할 수 있기 때문에 빠르게 거래를 마무리할 수 있다. 일반적으로 3~7일 정도 걸린다.

미국의 부동산 거래 절차 중 한국인들에게 생소한 개념이 있는데 바로 에스크로다. 일반적으로 제3자 회사나 변호사가 에스크로 역할을 하는데 서부에서는 타이틀 회사라는 제3자 회사가, 동부에서는 부동산법 변호사가 에스크로 에이전트가 된다.

에스크로는 안전하고 정확한 거래 절차 진행이라는 장점은 있지만 시간이 좀 오래 걸린다는 단점이 있다. 보통 대출을 받는 경우 3개월, 현금으로 구매하는 경우 한 달 반에서 두 달은 걸린다.

그리고 1031 익스체인지를 했는데 금액이 남아서 남은 금액에 양도세를 내야 하는 경우가 더러 있다. 예를 들어 내가 300만 달러에 건물을 팔고 200만 달러의 대체매물로 1031 익스체인지를 했다면 100만 달러가 남았기 때문에 남은 금액에 대해 양도세를 내야 한다. 이러한 차액을 부트(Boot)[10]라고 한다.

---

10) 대체 부동산의 구입 가격이 원래 부동산의 판매 가격보다 낮으면 생기는 차액으로, 즉시 양도세가 부과되는 금액

1031 익스체인지를 하려면 기존 매물을 팔고 그와 가치가 같거나 그보다 높은 대체매물을 구매해야 한다고 앞서 언급했다. DST 부동산에 투자한다면, 남은 100만 달러에 대해서 동등하게 1031 익스체인지가 적용된다.

위에 설명했듯이 일반적으로 1031 익스체인지는 같은 가격이나 더 높은 가격의 매물로 투자해야 한다. 하지만 DST 부동산 투자를 통해서 낮은 가격의 실제 매물을 하나 교환하고 남은 금액은 DST 부동산에 투자하면 되는 것이다.

요즘은 부동산 에이전트들도 DST 부동산을 취급할 수 있는 면허증을 가진 투자 자문인과 같이 협력해서 투자자들에게 DST 부동산을 권하고 있다. 어떤 투자를 하든지 투자자들이 더 많은 선택권을 갖는 것은 좋다. 전문가들이 제공하는 상세한 정보와 여러 가지 조언을 통해 좀 더 현명한 투자 선택을 할 수 있을 것이라고 생각한다.

DST와 리츠의 차이점은?

세금 혜택 많은 DST 부동산

최근에 DST 부동산에 대한 칼럼을 쓰거나 세미나를 할 기회이면, 빠지지 않고 질문을 받는 부분이 있다. DST 부동산과 리츠 (REIT)가 어떻게 다른지에 대한 질문들이다.

리츠는 '부동산 투자신탁(Real Estate Investment Trust)'의 약자로, 수익을 창출하는 부동산 펀드를 운용, 소유하는 하나의 법적 실체를 가진 독립적인 개체이다. 다수 투자자의 자본이 모인 뮤추얼 펀드의 형태이다.

리츠 투자자는 부동산을 사고팔고 관리하는 것이 아니며 투자된 부동산 펀드에서 창출되는 배당금을 받게 될 것이다.

'시가 소비세 연장(The Cigar Excise Tax Extension)'이라는 법률 수정조항을 통해서 1960년 연방의회에서 리츠를 허가하게 되었다.

과거에는 제한된 자본가나 대규모 금융기관만이 취급하던 대규모 상업용 부동산의 포트폴리오를 일반 투자자들도 공유할 수 있게 되었다.

이러한 리츠의 부동산 목록에는 아파트 단지, 데이터센터, 의료기관, 호텔, 기반시설(광케이블, 이동전화 기지국, 에너지 파이프라인 등)이 있다. 이뿐만 아니라 사무실건물이나, 상가, 삼림지와 창고, 그리고 물품 보관시설(셀프스토리지)도 포함된다. 셀프스토리지는 늘어난 소비자들의 소비규모와 기업의 경제규모에 의해 더 인기가 높아졌다.

집은 좁은데 가지고 있는 물건들이 많은 가족부터 방학 때마다 기숙사를 나와야 하는 대학생들, 그리고 단기간 외국에서 생활해야 하는 사람들까지 유용하게 이용하는 시설이 셀프스토리지, 즉 물품 보관시설이다.

이 리츠는 주식이나 ETF처럼 주식시장에서 거래되며 장점은 적은 투자금, 현금으로의 유동성, 포트폴리오의 구성에 따른 다양성, 관리의 투명성과 배당금의 지급으로 인한 안정적인 현금흐름과 위험의 분산을 꾀할 수 있다는 장점이 있다. 이 중에서 DST 부동산과의 차이점을 찾을 수 있다.

첫 번째, 최소 투자금이다. 일반적으로 리츠는 최소 투자금 1천 달러부터 시작한다. 하지만 DST는 다르다. 현금으로 투자하는 경우 최소 투자금액은 2만 5천 달러이며 1031 익스체인지 프로그램을 통한 투자라면 최소 10만 달러부터 시작한다.

두 번째, 리츠는 국세법상 과세소득의 상당 부분을 투자자들에게 배당금으로 나눠줘야 한다. 과세소득의 90%를 투자자에게 배당해야 법인 자체에서 세금을 내지 않고 개별 투자자들이 자신의 배당금에 대한 소득세를 내게 된다. 이런 이유로 투자회사는 투자 결정할 때 단기 수익 창출을 유념해 판단하게 된다.

예를 들어 아파트 단지에 투자한다면 장기적인 수익률이 아닌 투자할 당시의 공실률만 보고 판단하게 되는 것이다. 해당 부동산의 잠재 수익률이나 성장성은 결정에 큰 영향을 주지 못할 가능성이 크다는 말이다.

DST 부동산은 다르다. 일반적으로 5~7년 동안 투자금이 묶여 있기 때문에 시간의 힘을 통해 부동산 가치상승을 꾀할 수 있다. 길다면 긴 시간 동안 다양한 전략들을 이용해서 수익률 증가 및 가치상승을 계획할 수 있기 때문에 장기적인 투자 계획 수립이 가능하다.

예를 들어 아파트 단지에 투자할 때 현재 공실률은 물론이고 잠재적 가능성과 가치를 높일 수 있는 다른 사항들도 고려할 수 있게 된다.

세 번째, 리츠는 투자자가 언제든지 사고팔 수가 있다는 점에서 큰 차이가 있다. 그만큼 현금으로의 유동성이 높다는 것이다. 한편 DST 부동산은 리츠와 달리 5~7년 정도의 평균 투자기간 동안 투자금액이 묶여 있어 현금 유동성에 제한받게 된다.

그러므로 정해진 투자기간 전에 급하게 투자금을 회수해야 할 일이 있는 투자자들에게는 적합한 투자방법은 아니다.

리츠의 단점으로는 상대적으로 낮은 성장, 소득으로 잡히는 배당금으로 인한 세금부과, 높은 관리 비용들이 발생할 수 있음을 꼽을 수 있다.

리츠는 일반 주식 거래같이 마켓에서 바로바로 사고팔 수가 있으므로 그때마다 비용이 발생하며 매년 관리비도 내야 한다. 일반적으로 1~3%의 수수료가 투자자들에게 매년 부과되고 있어서 조금 더 비용이 많이 들어간다는 단점이 있다.

리츠는 한마디로 여러 부동산을 그룹화한 투자 펀드로, 펀드의 성장보다는 배당금이 주목적인 투자방법이다. 하지만 여기서 기억해야 할 것은 이 리츠도 세부적으로 여러 형태의 리츠로 나눠지는데 에쿼티 리츠, 모기지 리츠, 하이브리드 리츠가 존재하기 때문에 잘 알아보고 선택해야 한다.

네 번째, 리츠는 유가증권이지만 DST 부동산은 실제 부동산이라는 점이 제일 중요한 차이점이다. 리츠는 DST 부동산과는 달리 부동산을 소유하는 게 아니기 때문에, 1031 익스체인지 세금 혜택이 없다. 반면에 DST 부동산은 한 가지만의 부동산을 소유한 신탁으로 실제 부동산과 동일하게 델라웨어 주법의 1031 익스체인지를 통한 세금혜택을 받을 수 있고 부동산의 부분적 소유가 가능한 개체이다.

DST 부동산의 소유주는 신탁이며 투자자들은 규모가 있는 기관투자 건물에 대한 부분적 소유자이다. 따라서 DST는 해당 부동산의 가치상승을 기대할 수 있다.

매달 월 임대수익이 지불되며 무엇보다도 최대의 이점은 1031 익스체인지를 이용해 양도세를 미루고, 계속된 1031 익스체인지를 통해 양도세를 제로로 하는 상속을 할 수 있다는 것이다.

부동산을 상속하게 되면 '스텝 업 인 베이시스(Step-up in Basis, 세금 기준 상환 조정)'이라는 세법을 통해 양도세가 사라진다. 도대체 무슨 말인가 고개를 갸우뚱거리는 독자들이 눈에 보인다. 미국 국세법 1014에 의하면 사람이 사망하면 하늘로 올라가듯이 재산의 가치도 올라간다는 의미를 담고 있다고 한다. 즉, '스텝 업 인 베이시스'는 상속자산의 가치 기준을 고인의 사망일의 공정시장 가치로 조정하는 것을 의미한다.

예를 들어 부동산의 주인이 수년 전에 10억 원을 주고 산 건물이 있다고 가정해보자. 사망 시 건물의 가치가 40억 원이라면 상속받은 자녀의 취득가는 40억 원이 된다. 사망 당시 현재 시가로 재조정이 된다는 의미이다. 자녀가 이 집을 바로 팔았다고 가정을 하면 자녀에게 시세차익은 없게 되고 양도세를 낼 필요가 없어진다. 여기서 기억할 것 하나! 미국은 증여자가 상속세를 내는데 부부합산 약 300억 원까지 세금면제라는 것이다.

그러니 부동산 주인은 상속세를 낼 것이 없고 자녀도 상속받고 바로 부동산을 판매한다면 양도세도 없어진다는 뜻이다. 물론 매물이 팔리기 전에 갑자기 부동산 가치가 많이 뛰지 않는다는 것을 전제한다.

리츠와 DST 부동산의 큰 차이점은 아래의 표를 통해 더 이해할 수 있을 것이다. 만약 기존 매물의 가치가 100만 달러라고 가정하자.

리츠와 DST의 차이점 ─────────────

	리츠	DST
기존주택 판매금액	100만 달러	100만 달러
판매 부대비용(5%)	5만 달러	5만 달러
양도세(연방&주 30%)	30만 달러	없음
재투자 금액	65만 달러	95만 달러

위의 표에서 보다시피 리츠는 세금을 피해서 갈 수 없기 때문에 투자자의 손에 쥐어지는 돈이 줄어들게 된다. 하지만 DST 부동산은 다르다. 양도세 및 세금이 미뤄지면서 재투자할 수 있는 금액도 판매금액과 크게 차이가 없다. 그러므로 DST 투자자는 더 큰 자산에 다시 투자하며 자산증식을 빠르게 이룰 수 있는 것이다.

DST 부동산은 상가, 의료기관, 창고(warehouse), 아파트 등의 부동산이다. 다시 말해서 리츠가 투자하는 부동산 목록의 부동산들과 비슷하다.

하지만 앞서 언급한 리츠와는 달리 DST는 개별 부동산에 투자된 신탁이다. 리츠나 DST 부동산은 둘 다 수동적인 투자방법으로 해당 부동산에 대한 직접적인 소유권이 없으므로 법적책임이 한정적이며 부동산 관리 책임도 없다.

투자자 개인이 DST 부동산을 통제할 수 없다. DST 부동산의 선택 시 본인의 투자기간과 맞는지, 수익 위주의 부동산인지, 부동산 상승을 더 기대하는 부동산 투자를 원하는지, 양자 모두를 목표하는지 살펴보고 해당 부동산의 기록과 해당 회계자료를 관계 전문인과 협의하는 것이 중요하다. DST 부동산의 자세한 주의사항들은 다음 장에서 다뤄보도록 할 테니 인내심을 갖고 기다려주길 바란다.

DST 1031 익스체인지

6일 안에 매물 지정 가능한 DST 부동산

　요즘 부동산 시장은 예전과는 다르게 매수자 우위 시장으로 돌아섰다는 소식이 많이 전해지고 있다. 지역에 따라, 부동산 가격은 내려가지 않고 이자는 높아지는 상태에서 지금 사야 하는지 기다려야 하는지 고민인 구매자들이 결정을 내리지 못해 이러지도 저러지도 못하고 있다.

　가격이 내려간 지역으로 가자니 최저점이 여기인지 몰라 망설이게 되고 가격이 계속 오르는 지역은 가격이 높아 구매가 망설여진다. 높은 가격에 구매했는데 높아지는 금리로 경기가 위축되고 그로 인해 가격이 떨어질까봐 두렵기도 하다.

　부동산 시장의 흐름 예측은 신의 영역이라고 하지만 뉴스에 나오는 시장 상황에 심장이 터질 것만 같은 구매자들도 많다. 자신의 매물을 내놓으려고 하는 부동산 소유주들도 어려운 상황은 마찬가지이다.

판매자들은 지금이 매도를 통해 최대한의 수익을 올릴 수 있는 적기임에도 불구하고 높은 양도세 때문에 망설이고 있다. 임대하던 소유주들은 그동안 올라가는 집값에 뒷짐 지고 미소만 짓고 있었지만, 팔려고 생각하니 양도세는 물론 그동안 단꿀처럼 빨던 감가상각의 25%를 뱉어내야 하니 환장할 노릇이다.

예를 들어 소유하고 있는 빌딩을 10만 달러에 구매했고 현재 가치가 100만 달러라고 하자. 90만 달러의 시세차익이 난 것이다. 20년 동안 매년 3만 5천 달러씩 감가상각을 받았다고 하면 70만 달러의 25%인 17만 5천 달러를 뱉어내야 하며 최고세율인 20% 연방 양도세와 주 양도세 약 10%를 내야 한다. 아래의 표를 보자.

부동산 처분 예시. 양도세는 주마다 세율이 다름

부동산 처분대금	100만 달러
20년 동안 받은 감가상각	70만 달러
감가상각 환수	17만 5천 달러
양도세 30%(연방 20%, 주 10%)	27만 달러
세금 납부 후 금액	55만 5천 달러

위의 표를 보니 한숨부터 먼저 나올 것이다. 하지만 실망할 필요가 없다. 미국은 1031 익스체인지가 있지 않은가. 1031 익스체

인지를 통해 양도세 및 감가상각 환수비를 내지 않고 연기하기 위해서는 기존 부동산과 같은 가격이거나 보다 높은 가격의 부동산을 구매해야 한다.

1031 익스체인지는 부동산 투자만을 통해 얻을 수 있는 정말 어마어마한 세금혜택이다. 이 정도는 대부분의 미국 부동산 소유주들이 알고 있는 사실이다. 1031 익스체인지를 통해 세금을 연기하려면 아래의 규칙을 이행해야 한다.

첫 번째, 기존 부동산 처분 자금 100%를 대체매물에 재투자해야 한다.

두 번째, 대체매물 가격 이상의 많은 금액의 대출을 받아야 한다.

세 번째, 기존 부동산을 처분 후 45일 안에 대체매물을 지정해야 하며 투자용 부동산(Investment Property), 즉 임대용 부동산이어야 한다.

네 번째, 부동산을 처분 후 6개월(180일) 안에 대체매물을 취득해야 한다.

다섯 번째, 자격요건을 갖춘 중개인에게 의뢰해야 한다. 일반적으로 중개인은 1031 익스체인지 경험이 있는 세무사나 부동산법 변호사 또는 은행이 된다.

1031 익스체인지를 하기 위해서는 위의 규칙은 물론 3개 매물 규칙도 지켜야 한다. 부동산 소유주는 총 매물들의 가격과 상관없이 매물 3개까지 미리 선택할 수 있으며 그중 원하는 매물을 선택할 수 있다. 한 개를 구매해도 되고 2개 또는 매물 모두를 구매할 수도 있다. 그 밖에 다른 규칙들도 존재하나 이 책에서는 제

일 많이 사용되는 규칙들만 나열하고자 한다.

1031 익스체인지의 절차는 기본적으로 3단계로 볼 수 있는데 첫 번째 단계는 부동산 소유주가 기존 매물을 판 후 처분대금을 중개인에게 모두 예탁해야 한다. 쉽게 말해서 중개인의 에스크로에 넣어두는 것이다.

판매대금은 내 통장에 들어오지 않고 바로 중개인의 에스크로 계좌로 들어가는 것이다. 이런 이유로 개인적으로 한국에서 미국 부동산을 구입하거나 한국법인으로 매입하는 투자자는 1031 익스체인지를 하기 어렵다.

한국에서는 부동산을 판매 후 전 금액을 한국으로 반환해야 하는 한국법이 존재하기 때문이다. 그래서 1031 익스체인지를 진행하고자 하는 투자자는 미국법인을 설립해서 미국 부동산을 구매하는 걸 추천한다. 그런 다음 두 번째 과정으로 중개인이 자신의 계좌에 있는 처분 자금을 대체매물 판매자에게 옮긴 후 부동산을 매입하고 1031 익스체인지를 마무리하게 된다.

여기서 중요한 건 위의 설명대로 기존 매물을 판매 후 45일 안에 구매할 가능성이 있는 매물을 지정하고 6개월(180일) 안에 그 리스트에 있는 매물 중 선택해서 구매해야 한다.

여기서 많은 부동산 소유자들이 문제에 봉착한다. 현 부동산 시장에서 1031 익스체인지를 할 매물을 찾는 것이 쉽지 않다. 또한 부동산 소유를 오랫동안 하면서 건물과 세입자 관리에 애를 먹는 경우가 수없이 많다.

그래서 높게 오른 부동산을 팔려고 하니 양도세가 부담되고, 1031 익스체인지를 다른 부동산을 매입해서 진행하려 하니 새 부동산도 많이 올랐다. 건물 관리와 세입자 관리도 부담되고, 또한 새롭게 취득하는 부동산의 가격도 올라가기 때문에 부동산세 또한 많이 올라 구매자 입장에서는 고민이 커진다.

더욱이 이자가 많이 올라간 상태에서 새롭게 대출을 받는 것도 부담이 된다. 여기에 캘리포니아에 새롭게 생겨나는 대부분의 법은 세입자들을 위한 주법이다. 그래서 많은 부동산 소유주들이 힘들어하는 게 현 상황이다.

여기서 소유주들이 생각해 볼 수 있는 투자가 DST 1031 익스체인지다. DST란 실질적인 부동산으로 여러 투자자가 함께 투자를 할 수 있고 유일하게 1031 익스체인지가 가능한 신탁이다.

무엇보다도 DST 부동산 투자의 장점은 1031 익스체인지를 통해 양도세 및 세금을 연장하고, 계속된 1031 익스체인지를 통해 양도세를 미루다 완전히 없애는 상속을 할 수도 있다. 다음 장에서 더 자세히 설명하겠지만 해당 부동산을 상속받은 상속자는 상속받은 날짜의 부동산 시세가 그의 취득가가 되며 바로 판다고 하면 양도세가 없어지는 것이다. 시세차익이 나지 않을 것이니 말이다.

특히 2022년에 DST 1031 익스체인지는 최고점에 다다랐다. 그만큼 1031을 하려는 매물들이 많다는 얘기니, 지금이 DST 1031 익스체인지를 하기에 적기라는 이야기다. 또한 다른 대체매물의 구입을 통해 1031 익스체인지를 하더라도 혹시 진행하고 있는 거래가 깨질 경우를 대비해서 예비책으로 DST 매물들을 리스트에 올려놓는 것이 좋다.

1031 익스체인지를 하려던 몇 개의 매물들이 전부 거래가 안 됐다면 양도세를 내야만 하는 낭패를 봐야만 한다. 이때 바로 DST로 1031 익스체인지를 하면 되는 것이다. 정말 좋은 대비책이다. 특히 DST 부동산은 일반 부동산 매입 절차보다 절차가 간단하며 3일 안에 거래가 마무리가 되기 때문에 문제가 생겼을 때 대비책으로 유용하다.

실제로 내 고객도 1031 익스체인지를 진행하다가 문제가 생겼다. 1031 규칙에 따라 45일 안에 대체매물을 지정 후 거래를 진행하다가 계약이 깨진 것이다. 6개월(180일) 안에 1031 익스체인지를 마무리해야 하는데 의도치 않게 거래가 물 건너가면서 1031 익스체인지가 끝나는 6일 전에 내게 급하게 연락이 왔다.

6일 안에 새로운 부동산 매물을 지정하지 않으면 100만 달러 정도의 양도세를 납부해야 하는 경우였다. 시간이 너무 촉박했지만, DST 부동산 투자로 매물을 3개로 나누어 쇼핑몰과 아파트, 물류센터로 들어갔다. 잘못했으면 100만 달러라는 큰돈을 양도세로 낼 뻔했는데 정말 다행이었다.

이후로 이 고객은 내게 고마워하며 계속해서 다른 고객들을 소개해 주고 있다. 지구에서 부동산으로 제일 돈을 많이 벌었다는 전 미국 대통령 트럼프는 1031 익스체인지를 이용해서 한 번도 양도세를 내지 않았다고 한다. 1031 익스체인지는 빠르게 자산증식을 할 수 있는 수단으로서 잘 이용하면 자산을 늘리는 건 물론 자산 증여 목적 및 절세에도 효과적이다.

하지만 1031 익스체인지의 다양한 규칙상 제대로 진행이 되지 않는 경우를 대비해서 DST 부동산을 대비책으로 해놓는 게 좋다. DST 부동산 투자는 DST 부동산을 취급할 수 있는 면허증을 소지한 전문가들만 진행할 수 있다. 꼭 DST 전문가와 상의 후 진행하길 바란다.

DST에 대한 모든 것

Q&A 및 고려할 점

전 장에서 DST 부동산의 매력을 많이 보여줬다고 생각하는데 독자들에게 충분히 매력어필이 되었기를 바란다. 이번 장에서는 DST 부동산이라는 이 매력적인 녀석의 더 깊은 면모들을 살펴보고자 한다. 아무리 훈남인데다가, 결혼에 적격인 이상형을 만났다고 하더라도 장점만 보면 패가망신할 확률이 높아진다.

그 남자의 장점은 물론 나쁜 점도 평가하고 그 나쁜 점들을 내가 참고 함께 살 수 있을지 알아본 후 식장에 들어가야 검은 머리 파뿌리가 될 때까지는 아니어도 같이 오래 살 수 있을 것이다.

이 장에서는 내가 투자자들을 상담하며 많이 들은 질문들을 위주로 정리해 보았다. 그 질문들의 답변을 통해 주의할 점들도 검토해보고 이 매력적인 녀석이랑 함께 할 수 있을지 고민을 해보길 바란다.

Q1▶ DST 부동산이 참 매력적이다는 건 확실히 인정한다. 그런데 임장도 가보지도 못하고 한국에서 무작정 투자하기에는 겁도 난다. DST 부동산의 안전성도 확인받고 싶다.

DST는 투자자들이 실질적으로 부동산에 직접투자하는 것으로 그 부동산에 대한 지분을 갖고 있다. DST 부동산은 미국 증권거래위원회 (SEC, Security Exchange Commission), 즉 한국으로 치면 금융감독위원회가 감독 관리한다.

이런 이유로 DST 회사들은 법적으로 그 부동산에 대한 모든 수입과 지출을 투명하게 공개하고 투자자들에게 보고해야 하며 제3자 회계법인으로부터 회계감사도 받아야 한다.

이뿐만 아니라 해당 부동산을 구입해서 대출받고 DST를 오픈하는 DST 투자회사는 전문적인 지식과 경험으로 무장한 전문가들이다. 변호사, 세무사, 회계사, 에이전트 등 굵직굵직한 경력을 가진 전문가들로 이루어져 있다.

이들은 부동산을 구매 전 철저하게 조사한 후 매입하게 된다. 해당 부동산의 수익률은 자신들의 수익률과도 깊은 관계가 있기 때문에 누구보다 철두철미하게 관리한다. 그러니 안심하고 투자해도 된다.

Q2▶ DST 부동산 투자의 절차들을 알고 싶다.

모든 투자 과정이 어렵다고 생각하면 한없이 어렵고 쉽다고 생각하면 쉽고 간단하다. 미국 부동산 투자도 마찬가지다. 일반 부동산을 구매하든지 DST 부동산에 투자하든지 간단한 로드맵을 머리에 그려 보면 그 절차가 눈에 보인다.

먼저 미국법인을 설립한다. 일반적으로 투자자들은 LLC로 설립을 많이 한다. 설립 절차도 간단하고 설립 비용도 1천 달러 미만으로 저렴하기 때문에 부담 없이 설립할 수 있다.

LLC 설립 후 미국 현지 은행계좌를 만들고 투자금을 송금한다. 그리고 매물을 찾은 후 투자하면 된다. 간단하지 않은가? 미국 부동산을 구매하려면 일반적으로 이보다 더 복잡하고 긴 투자절차를 거치게 된다.

미국 부동산 투자가 어렵다고 느껴지는 이유는 "에스크로"라는 절차가 있기 때문이다. 에스크로는 중립의 제3자나 회사를 의미한다. 부동산 거래는 판매자와 구매자 사이에 큰돈이 왔다 갔다 하고 복잡한 서류들 및 소유권 양도같이 중요하고 어려운 과정이 있기 때문에 중립의 제3자나 회사가 개입되어 안전하게 거래가 될 수 있도록 한다.

일반적으로 서부는 에스크로 회사가, 동부는 부동산법 변호사가 에스크로 에이전트 역할을 맡는데, 이와 달리 DST 부동산은 에스크로가 없이 진행되기 때문에 간단한 절차로 진행이 된다.

Q3▶ 꼭 미국법인을 설립해서 DST 부동산에 투자해야 하는가? 그냥 개인적으로 투자해도 되지 않나?

미국 현지법인을 세움으로써 투자자의 개인 자산을 지킬 수 있다는 이점이 있다. 미국은 소송의 나라라고 불릴 정도로 소송이 빈번하게 벌어지는 나라이다. 100kg이 넘는 자가 오븐 문을 발로 딛고 찬장의 접시를 꺼내려다 오븐 문이 떨어져 나갔다 하자. 그렇다고 하더라도 오븐을 만든 회사를 상대로 소송을 건다. 그리고 회사가 진다. 이해되는가? 실제 사례이다.

또한 한국에서는 현지법인이 아닌 개인이나 한국법인으로 투자할 시 한국정부의 사후관리 및 제재를 받는다. 미국 부동산에 투자 후 부동산 매입 및 보유 증빙 및 매년 법인 결산자료를 제출해야 하며 부동산을 처분하거나 용도를 변경하는 경우, 처분(변경)서를 3개월 이내에 제출해야 한다. 또한 공동명의가 불가능하며 부동산을 처분 후 처분자금은 한국으로 반환해야 하므로 1031 익스체인지를 진행할 수 없다.

Q4▶ 모든 투자방법에는 장점은 물론 단점들도 존재한다고 생각한다. DST 부동산의 단점들도 알고 싶다.

제일 대표적인 단점은 투자금이 일정기간 묶인다는 것에 있다. 투자금이 들어가면 일반적으로 5~7년은 묶여 있으며 투자자가 중간에 투자금을 마음대로 뺄 수가 없다. 보통 부동산을 보유하는 것과 같다고 생각하면 된다. 부동산을 소유하면 적어도 3~5년 정도 가지고 있어야 구매 시 발생한 부대비용을 회수하고 시세차익까지 볼 수 있다.

DST 스폰서 회사도 부동산을 보유하다 제일 좋은 가격에 팔 수 있을 때 파는 것이다. 그러므로 중간에 자녀를 결혼시켜야 해서 큰돈이 필요한 투자자나 조만간 빚쟁이들이 몰려올 가능성이 큰 투자자는 잘 생각하고 결정하기를 바란다.

두 번째로는 부동산의 관리는 DST 스폰서 회사가 하므로 투자자가 통제를 할 수 없다. 내가 직접 구매하고 소유하는 경우, 해당 부동산은 내 통제안에 있다. 세입자는 누구로 선택할지, 만약 리모델링이 필요한 경우, 어디를 어떻게 손을 볼지, 세입자가 문제를 일으킬 시 내보낼지 아니면 두고 지켜볼지 등 말이다. 모든 통제가 무조건 내 손안에 있어야 한다고 하는 투자자에게는 추천하지 않는 투자방식이다.

세 번째로는 리스크다. DST 부동산도 일반적인 부동산과 같이 리스크가 있다. 경기가 너무 안 좋아지거나 공실률이 발생하면 내 임대수익이 달라질 수 있다. 물론 DST 세입자들은 일반 부동산 세입자들과 달리 리스크가 낮다는 장점은 있겠다. 일반적으로 내 부동산의 임차인은 아마존같이 큰 회사이거나 수입이 높은 세입자들일 가능성이 크다. 그거 아는가? 아마존 물류창고는 아마존 소유가 아니다. 아마존도 모두 임대하는 것이다.

Q5▶ 주식에 투자한다고 해도 비용이 발생이 되는데 DST 부동산에 투자 시 추가적인 비용이 발생이 되지 않나? 예를 들어 브로커 비용 등을 내야 할 것 같은데?

이에 대한 대답을 들으면 투자자들이 많이 놀라는데 전혀 비용이 발생하지 않는다. 일반적으로 부동산을 구매할 때 각종 부대비용들이 발생한다. 주식도 마찬가지다.

하지만 DST 부동산은 그렇지 않다. DST 부동산을 중개하는 나에게 내야 하는 수수료가 있는지 궁금해하는 사람도 많은데 전혀 없다. 나는

DST 스폰서, 즉 이 신탁을 설립한 부동산투자회사에서 수수료를 지급 받는다. 물론 이런 이유로 스폰서들에게 수수료를 많이 받기 위해 아무 DST 부동산들을 추천해주는 게 아니냐 합리적인 의심도 할 수 있다.

하지만 전혀 그렇지 않다. 그렇다면 한 번의 단기성으로 내 회사는 예전에 없어졌을 것이다. 스폰서들이 제공하는 그동안 투자했던 모든 기록을 내가 확인이 가능한데 거기 보면 해당 스폰서의 투자 수익 예측 및 추정 자료들을 볼 수 있다.

나는 그들이 투자자들을 모을 때 제공된 수익 추정 자료들을 확인 후 결과가 그에 맞을 시 투자자들에게 그들의 상품들을 추천한다. 예측률이 뛰어나고 그만큼 결과도 보여준 스폰서들만 고객들에게 추천하는 것이다.

Q6▶ DST 스폰서들이 투자제안하며 신탁을 오픈했다고 가정해보자. 그런데 투자자들이 원하는 만큼 다 모이지 않으면 어떻게 되는가?

거의 그런 일은 없는데, 일반적으로 스폰서의 오퍼링(Offering), 즉 투자제안이 시작되면 6주 안에 투자자들이 모이고 오퍼링이 끝이 난다. 그런데 만약 투자자들이 다 모이지 않는 경우 해당 신탁을 개설한 투자회사에서 남은 지분을 매입하게 된다.

Q7▶ DST 부동산은 현금 유동성이 낮은 투자 상품으로 일반적으로 3~5년은 투자금이 묶여 있는 걸로 알고 있다. 만약 중간에 개인적인 상황이나 투자 판단으로 내 투자금을 빼고 싶을 때는 방법이 있는가?

DST 부동산 투자는 공동투자와 비슷한 개념으로 생각하면 된다. 공동투자 중간에 투자금을 빼고 싶으면 다른 투자자들의 의견을 물어본 후 해당 부동산을 팔아 투자금을 회수하든지 아니면 다른 투자자들이 본인의 투자금을 매수해줘야 한다. DST 부동산도 마찬가지다.

다만 해당 부동산의 소유주는 DST, 즉 신탁이기 때문에 그걸 관리하고 책임을 지며 판매 결정을 내리는 투자회사의 결정 없이는 판매가 불가능하다. 그렇기 때문에 다른 투자자들에게 본인의 결정에 대한 공문이 가고 다른 투자자들이 본인의 지분을 사준다면 중간에 투자금을 환수할 수 있다.

Q8▶ 투자기간이 3년, 5년 등 정해져 있는데 그게 계약으로 확정되어 있나?

계약으로 확정되어 있지는 않다. 부동산을 매입하고 파는 시기를 결정하는 건 DST 스폰서 회사의 판단으로 이루어진다.

일반적으로 DST 스폰서 회사는 5~7년 정도 부동산을 관리하다가 해당 부동산을 팔게 된다. 짧은 상품은 3년, 긴 경우 10년 정도로 생각하면 된다. 스폰서 회사의 자료를 보면 회사의 예측 보유 기간을 확인할 수 있으며 나는 회사들의 그동안 자료를 보고 예측이 거의 맞은 회사들만 고객들에게 소개하고 있다.

하지만 예측한 판매기간이 5년 후라도 5년 후 경기가 좋지 않아 부동산값이 떨어져 판매를 미룰 수 있다는 점은 기억해둬야 한다. DST 부동산 스폰서 입장에서도 비쌀 때 팔아야 자기 손에 떨어지는 수익금이 많아지고 그만큼 투자자들에게 많이 나눠줄 수 있기 때문이다.

Q9▶ 투자금 반환 방식은 어떻게 되나?

방식은 일반 부동산을 처분할 때와 같다. 만약 내가 10억 원을 투자했는데 DST 부동산의 가치가 30%가 올라갔다면 돌려받는 금액도 13억 원이 된다.

만약 5년 후 부동산을 팔았다면 5년 동안은 임대수익으로 매년 5~6% 정도 받고(10억 원×5% = 5,000만 원/5,000만 원×5년 = 2억 5,000만 원), 시세가 오른 3억 원을 더하면 총 5억 5,000만 원의 이익이 생기는 것이다. 그 후 1031 익스체인지를 활용하여 다른 부동산을 구매해도 되고 세금을 내고 투자금을 회수해도 되며 다시 DST로 들어가도 된다.

Q10▶ 실제 거래했던 케이스들을 소개해달라.

한국 분들의 이해를 돕기 위해 원화로 설명하겠다. 모두 현지에 미국 부동산을 보유하고 있는 고객들의 케이스이다.

현재 사는 주택이 있고 다른 10억 원 가치의 주택을 보유하고 있는 고객이 있었다. 은행 대출은 없었으며 월세로 매월 415만 원 정도 받고 있었다. 연 5,000만 원 정도의 임대수익을 얻고 있었다.

연 5,000만 원의 임대소득에 매년 재산세 1%인 1,000만 원 내고 보험료 200만 원과 관리비 300만 원을 내면 순수익으로 3,500만 원의 수익을 올리고 있었다. 세입자와의 잦은 분쟁과 관리에 질려 DST 부동산 투자로 결정했다. 10억 원을 투자하고 월세 연 5%로 순수익 5,000만 원을 얻고 있다.

두 번째 고객 사연이다. 5년 전에 아파트를 20억 원에 팔고 DST 1031

익스체인지를 통해 투자해 임대수익으로 한 해에 1억 원, 즉 5년 동안 총 5억 원 수익을 올렸다.

2021년에 DST 부동산을 60%의 시세차익으로 팔았으며 20억 원의 60%인 12억 원의 이익을 얻었다. 계산해보면 임대수익 5억 원에 시세차익 12억 원을 합해서, 총 17억 원의 이익을 얻은 것이다. 이 고객은 새로운 DST 부동산에 다시 투자하면서 시세차익 12억 원에 대한 양도세인 3억 6,000만 원을 내지 않게 되었다.

세 번째 고객이다. 주택을 3개 보유하고 있는 투자자인데, 5억 원을 대출받고 남은 5억 원을 실투자금으로 해서, 10억 원의 한 주택 매물을 구입했다. 월세로 매년 5,000만 원 정도 받고 있었는데 5천만 원에서 대출 원리금 2,500만 원 내고 재산세 1,000만 원, 보험료 200만 원, 관리비 300만 원을 내면 연 1,000만 원밖에 남지 않았다. 그래서 대출이 불가능한 DST 부동산에 투자하기로 결정했고, 실투자금을 5억 원으로 해서 연 임대수익 2,500만 원을 받고 있다.

마지막 케이스이다. 수년 전에 10억 원을 주고 상가를 구입한 고객이다. 현재 매물은 32억 원으로 올랐다. 관리도 힘들고 세입자와 잦은 분쟁과 오래된 건물이므로 관리하는 데 많은 수리비용들이 들어갈 것을 예상해서 DST 부동산에 투자하기로 했다. 그냥 건물을 팔면 22억 원의 차익에 대한 양도세로 7억 7,000만 원 정도 내야 하는 상황이었다.

DST 부동산 투자로 양도세는 0원, 임대수익으로 매년 32억 원의 5%인 1억 6,000만 원을 받을 수 있게 된 것이다. 투자자는 해당 건물을 자녀에게 상속하기로 했다. 자녀에게 주면 세법상 양도세가 없어진다. 만

약 투자자의 사망 시 건물 가치가 40억 원이라면 자녀의 양도세는 40억 원에서 다시 계산된다. 40억 원에 건물을 상속받고 바로 40억 원에 팔면 양도세도 0원이 된다.

양도세 750달러의 실화

100년 역사를 가진 1031 익스체인지

미국에서는 아는 게 힘이며 알면 손해 볼일이 없다. 부동산을 소유함으로써 얻을 수 있는 세금혜택들이 많으므로 알면 알수록 그 혜택들을 누리며 자신의 자산을 지키고 증식시킬 수 있다.

1031 익스체인지는 1921년에 생겨 100년 동안 유지되고 있는 세금혜택 프로그램이다. 그때 당시 미국 정부는 무너진 경기를 살리기 위해 해당 법을 도입했다.

할 수 있는 사람은 모두 들어와 부동산에 투자해서 경기를 활성화하고 부동산 시장에서 흐르는 돈이 다른 투자 시장으로 빠져나가지 않게 하기 위함이다. 다시 말해서 주택시장을 지키고 국

---

11) Russ Buettner, 〈Trump Paid $750 in Federal Income Taxes in 2017. Here's the Math.〉, The New York Times, 2020.9.29, https://www.nytimes.com/2020/09/29/us/trump-750-taxes.html

민들의 주거환경을 개선 시키기 위함인 것이다. 미국 부동산 투자자들은 이런 훌륭한 프로그램을 잘 이용해서 부를 축적해왔다.

지구상에서 부동산으로 돈을 제일 많이 번 사람이 누구인지 아는가? 전미 대통령 도널드 트럼프이다. 트럼프는 그동안 한 번도 양도세를 내본 적이 없다고 한다. 2016년, 2017년 트럼프가 연방에 낸 세금이 얼마인지 아는가? 매년 750달러이다.[11]

정치적인 이야기는 여기서 하지 않기로 하겠다. 내가 하고 싶은 이야기는 단지 이것이다. 트럼프는 부동산을 보유함으로써 얻을 수 있는 모든 세금혜택을 잘 이용해서 자신의 부를 증식 시킨 것이다.

투자는 심리적 요인이 많이 적용된다. 부동산값이 막 오를 때는 엄두가 나지 않아서 사지를 못하고 값이 내릴 때는 더 떨어질까 봐 구입하지 못한다. 관망만 하고 있다가 때를 놓치는 것이다. 하지만 투자는 마구 오를 때는 이미 막차이고 내릴 때는 그게 최저점이다.

부동산은 장기 보유 자산으로 들고 있으면 언젠가는 오른다. 단기적인 가격 변동은 있을 수 있지만 그 기간이 지나면 다시 오르게 되어있다. 2008년 같은 특별한 경우가 아니고서야 말이다. 그때도 돈을 번 사람들은 정말 많았다. 두려움과 불안함이라는 공포를 이겨낸 사람들이다.

부동산 투자, 특히 미국 부동산 투자는 다른 주법들을 통해 내 투자 성향에 맞고 원하는 혜택을 누릴 수 있는 주들을 쇼핑할 수 있다. 미래를 예측하고 점을 쳐보는 신의 영역이 아니다. 그러니 숫자들이 보여주는 진실들을 더 밝혀내길 바란다.

인구 이동과 생겨나는 사업체들, 해당 지역 주민들의 평균 수입 등을 보고 투자 결정을 내려야 한다. 또한 내가 여기서 얻고자 하는 게 무엇인지, 부동산을 소유함으로써 내가 원하는 게 무엇인지 잘 생각하고 수많은 선택권 중에 현명한 선택을 할 수 있기를 바란다.

3장

미국 부동산 세법

조형민(Max H. Cho)

미국 세무회계법인 티맥스 그룹(Tmax Group Inc.) 대표 이사/미국 세무회계사/재무상담사/외국세무자문사. 2007년 노동부 산하 미국 국제공인 회계사 교육과정 1기 국비 장학생으로 선발되었고 세무회계사 시험에 합격했다. 미국에 진출한 한국 기업 지사의 CEO, CFO 등을 역임하며 기업경영 노하우를 쌓았다. 2009년 미국 뉴저지주 비즈니스 컨설팅 회사 티맥스 그룹을 설립했고, 현재까지 국제조세전문 세무회계법인을 운영하고 있다. 2014년에 한국 국세청 외국세무자문사 자격증을 취득해서, 국제조세와 한미 조세조약 등에 관한 전문적인 자문을 확대했다. 2019년에 한국 티맥스 코리아를 설립한 후 한미 양국의 사업가들과 미국의 투자자들을 대상으로 한 세무회계와 법인 및 지사를 설립했다. 기타 미국 투자에 대한 원스톱 컨설팅을 제공하며, 유튜브 〈미국 전문가 채널 티맥스〉를 운영하고 있다.

미국 부동산세는
누가 어떻게 징수하고 납부하나?

실거래가 아닌 공시지가를 관리하자

어느 날 회사 사무실로 국제 전화 한 통이 걸려 온다. 중년 여성 분의 목소리였다. 한국에서 전화한다며 다급한 목소리였다. 세무 회계 업무상 다급한 일이 없는데 무슨 일인지 물었다. 한국의 늦은 시간임에도 불구하고 국제전화를 한 용건은 이러했다. 본인이 미국에 집을 하나 샀는데, 집을 임대로 주다가 임대인이 돈을 내지 않아서 민사 소송을 통한 퇴거조치를 했다고 한다.

그 과정에 소송 관련되는 일에 빠져 있다 보니 깜빡하고 부동산세를 내지 않았다고 한다. 따로 임대 부동산을 관리하는 사람을 두고 있지 않고, 본인이 일 년에 한두 번 미국에 들어와서 타운 정부에 직접 세금을 납부하고는 했는데, 소송에 정신이 없다 보니 납부하지 않아서 지방정부(Local Government)로부터 차압 통지(Collection Letter)를 받았다고 한다. 급하게 처리해야 하는데 방법이 없느냐는 전화였다.

요즘 세상이 점차 온라인화 되어 가고 많은 정보를 인터넷이라는 곳에서 습득을 할 수 있는 요즘은 아메리칸드림이라는 것이 꼭 미국에 이민을 와야지 할 수 있는 것으로 생각할 필요가 없다. 미국에 지사를 창업해서 사업을 하거나, 여러 가지 오픈마켓(Open Market)을 입점해서 한국에서 직접 생산한 물건들은 온라인을 통해 미국까지 판매하는 등의 여러 가지 사업 형태가 온라인을 통해 가능한 것을 보면 그것이 현실인 것 같다.

특히 개인이 만들 수 있는 여러 가지 사업 중 재산화하고 사업화할 수 있는 분야가 바로 부동산 분야이다.

"소득이 있는 곳에 항상 따라다니는 것이 소득세이듯, 부동산을 보유하고 있으면 부동산세가 따라다닌다."라는 것은 많은 분이 알고 있다. 그런데 정작 부동산을 소유하는 본인(Property Owner)은 부동산세를 누가 부과하고, 어떻게 산정하며 납부는 어떻게 하는지를 모르고 있다면 정작 부동산세와 관련되는 문제가 생길 때는 정말 고구마를 먹는 답답함이 밀려오지 않을까?

따라서 미국 부동산 구매나 투자를 고민하는 사람은 반드시 알아야 하는 바로 첫 번째가 부동산세가 무엇인지에 대한 전체적인 내용이 아닐까 한다.

우선, 부동산세가 무엇인지 알아야 한다. "재산"이라고 하는 용어에는 여러 가지 재산의 종류가 부수적으로 따라붙고, 그 재산

중에도 일반적으로 주택이나 땅과 같은 부동산에 부과되는 세금을 부동산세라고 한다.

부동산세라는 개념이 재산세에 포함되는 부수적 의미이지만 재산세의 가장 보편적이고 큰 재산이라는 명목의 영역이 부동산이므로 미국에서는 거의 같은 의미로 사용되고 있다고 보아도 무방할 정도다.

미국 부동산세는 연방정부가 아닌 지방정부가 관리하고 있다. 주 정부(State Government) 다음에 자치주(County) 정부 이하 단위부터 관리가 되는데, 특히 각 도시(City or Borough) 기준으로 세율이나 적용 방식이 다르다.

부동산세를 측정하는 각 지방정부는 각 도시의 특색에 맞게 학군이나 공원, 도서관 등 여러 가지 공적 인프라의 상황과 교통 등의 공공 편의 등의 지리적 이점을 감안해서 각 정부의 환경과 상황에 맞게 부동산세의 세율을 지방정부 규정으로 정한다. 따라서 매년 변경될 수 있고 때로는 연중에 변경이 되는 지역도 있다.

직접적으로 세금의 액수를 결정하는 부동산세의 부과 기준이 되는 것은 바로 집의 가치(Property Value)이다. 한국이나 미국의 가장 다른 점 중의 하나는 미국의 경우 개인이 소유한 전체 부동산에 대한 과세가 없다는 점이다.

한국의 경우는 "종합 부동산세"라는 규정이 존재하지만, 미국은 부동산 각각의 가치에 따라서만 세금이 부과된다. 실제로 집이 거래되는 것을 "시장 가치(Fair Market Value)" 또는 "실거래가

(Market Price)"라고 하고, 세금 부과 목적의 가치를 "공시지가(Tax Assessment Value)"라고 한다.

집은 실제 거주하는 주택(Building)과 주택이 지어진 땅(Land)으로 구분이 되는데, 각 지방정부가 고용한 전문 평가사정관이 집의 가치를 측정한다. 평가 사정관(Assessor)은 해당 주택의 공시지가를 측정한다. 통상 실거래가가 공시지가보다 큰 경우가 많은데, 이 두 가지로 평가가 되는 집의 가치 중 공시지가가 바로 부동산세의 세액(Tax Due)을 계산하는 기준 가치가 된다.

예를 들어 집의 공시지가를 평가해서 100만 달러의 평가액이 나왔고, 해당 도시의 부동산세 세율이 3%라면 일 년간 납부해야 하는 총 부동산 세액은 3만 달러라는 결과로 이어진다.

지방정부마다 공시지가를 결정하는 평가 방식은 조금씩 다르지만, 일반적으로 완전 새로 지어진 건물은 현재 시점의 거래가, 건물 지을 때 들어간 총비용, 해당 건물에서 발생하는 예상 수익 등의 기준들 중에서 적합한 한 가지로 평가가 되며, 실제 해당 지역의 비슷한 종류의 부동산과 비교 평가도 이루어져 최종 결정이 된다.

대부분의 지방정부는 우편을 통해 각 주소지로 연 1회 해당 부동산과 땅에 대한 각각의 공시지가를 발송해 준다. 집의 소유주 입장에서 공시지가 평가 후에 해당 평가 가치가 너무 높게 측정되어 세금이 많이 부과되거나 부과될 우려가 있다면 재감정평가 요청도 가능하다.

그렇게 공시지가 평가 후에 부동산세를 부과하는 최종 액수가 결정된다. 결정된 세액을 납부하는 방식은 크게 두 가지로 구분되어 있으니 둘 중의 하나를 선택해서 각 지방정부에 납부하면 된다. 두 가지 방법이라는 것은 집 소유주가 직접 납부(Direct Payment)하는 방법과 모기지 은행을 통한 간접 납부(Indirect Payment) 방법이다.

직접 납부하는 방법은 집 소유주가 통상 분기별로 납부하게 되는데, 지방정부에서 납부할 분기 납입 청구서(Billing Statement)를 해당 주소지로 보내준다. 타운에서 보내 준 청구서를 기반으로 소유주가 직접 타운 정부에 방문이나 우편으로 납부하는 것이다.

간접 납부하는 방법은 은행에서 모기지론(Mortgage Loan)[12]으로 융자를 받아 집을 구매한 경우인데, 매월 은행에 납부하는 모기지 원금(Principle)과 이자(Interest)에 추가해서 월별 재산세 납부액을 계산한다. 그다음에는 해당 은행에서 주택 융자와 함께 관리되는 임시적인 에스크로 계좌를 통해 부동산세를 납부 관리해서 모기지 은행이 간접 납부를 해 주는 방식이다.

사실 미국의 경우 부자들도 현금을 100% 활용해서 부동산 구매를 하지 않는다. 은행 자금을 활용해서 부동산을 구매하는 경우 은행 이자에 대한 세금 공제 혜택도 있지만 실제 부동산세 납부 관리 등의 편리함도 있기 때문이다.

---

[12] 부동산을 담보로 해서 장기주택자금을 대출해주는 장기주택자금 대출제도이다.

여기서 부동산세에 대한 세금 감면 혜택도 절대 놓쳐서는 안 되는 사안이다. 각 주 정부나 자치주 정부의 예산과 운영 방식에 따라서 감면 횟수나 규모가 다를 수 있는데, 부동산세를 납부하는 부동산 소유주들은 관할 정부에서 재산세 감면과 관련된 내용의 편지를 받게 된다.

이 내용은 꼭 편지로만 오는 것은 아니다. 대부분의 미국 정부 업무에 대한 고지서는 해킹(Hacking)이나 스팸(Spam Mail) 등의 부정을 방지하기 위해, 불편하지만 우편으로 공지나 업무 내용을 고지해주는 것이 보편적이다.

그러나 이런 부동산세 감면 혜택에 대해서는 관할 정부에서 전자 우편(E-mail)을 통해 고지해주기도 한다. 우편이든 전자 우편 방식이든 중요한 것은 해당 감면 혜택을 위해서는 개인이 직접 신청해야 하며, 개인 정보가 추가되어 신청하게 되기 때문에 해당 내용이 정부에서 보낸 것이 맞는지 항상 잘 살펴 보고, 감면 신청을 해야 한다. 즉, 어떤 신청 방식을 택하든 신청하지 않고 그냥 두면 혜택을 받을 수가 없다는 의미이다.

또한 지방정부에 납부하는 미국의 재산세는 연방정부, 즉 미국 국가 소득세 신고 시에 세금 공제가 된다. 표준공제(Standard Deduction)와 항목공제(Itemized Deduction) 중 항목공제를 적용하는 것이 본인에게 유리한 납세자(Taxpayer)의 경우 지방정부 세액 공제로 세금 공제 적용이 가능하고, 최대 1만 달러까지만 적용이 된다. 물론 이 세법은 추후 변경될 수도 있다.

은행 모기지 융자(Bank Mortgage Loan)를 가지고 있는 분들은 일 년에 한 번씩 매년 1월 말 전으로 1098이라는 융자받은 은행으로 부터 세금 양식을 받게 되는데 1098을 수령하면, 각 항목에 어떤 내용이 있는지 꼼꼼히 확인할 필요가 있다. 1098에는 연간 총 납부한 재산세 총액이 기재가 된다.

이 밖에도 연말 기준 모기지의 잔액, 총 납부한 이자, 기타 융자 와 관련이 되는 일반 정보들이 기재가 되어 있다. 따라서 1098 서류는 은행의 모기지 융자에 대한 전반적인 내용이 담겨있으며 세금 정산 및 공제받기 위해 필요한 정보가 담긴 중요한 증빙서류이다.

앞서 설명한 여러 가지 이유에서 미국에서 부동산에 투자하거나 내 집 마련을 생각하는 분들은 꼭 미국 부동산세가 어떻게 청구가 되고 관리가 되는지 정도는 알고 있는 것이 좋다.

여기서 자칫 놓칠 수 있는 것은 부동산세의 증감을 모르고 지나가는 경우가 있다는 것이다. 집 소유주가 직접 납부하는 경우는 부동산세의 증가 여부를 쉽게 파악할 수가 있다. 청구서(Bill)를 통해 직접 납부하므로 액수를 눈으로 확인하며 납부하는 경우가 많기 때문이다.

한편 은행에서 모기지 융자받아 구매하는 경우 재산세 납부액이 융자의 이자, 원금과 더불어 월별 청구서로 같이 관리가 된다. 부동산세가 올랐다고 하더라도 해당 납부액을 12개월로 분할해서 납부하다 보니 증액이 되어도 인지를 못 하는 경우가 있다.

물론 간접 납부 시에도 부동산세 납부용으로 사용되는 해당 은행의 에스크로 계좌의 잔액이 부족해서 총 모기지 납부액을 증액한다는 공지가 오기 때문에 그것으로 부동산세가 증액되었다는 것을 알 수도 있다.

부동산세의 증감을 예민하게 받아들여야 하는 이유는 공시지가를 결정하는 감정평가사도 역시 사람이기 때문에 오류를 범할 수 있기 때문이다. 세금을 적절히 납부하고 있는지 확인하는 것은 결국 부동산 소유주의 책임이다.

또한 부동산세는 특히 투자하는 경우 임대소득이 발생할 것이고, 여러 가지 임대사업에 대한 비용(Expense)이 지출된다. 결국 사업의 순소득(Net Income)이 중요한 것인데, 부동산세의 관리는 부동산 투자 사업에 성공과 효율적 관리를 위해서라도 순소득과 현금흐름을 관리하는 데 있어 적지 않은 영향을 미친다.

마지막으로 부동산세는 그 자체가 집값에도 영향을 미칠뿐더러 추후 판매해서 양도소득(Capital Gain)을 겨냥할 때도 부동산세의 규모가 구매자 입장에서는 큰 부담이 된다. 구매자 입장에서는 세금 납부 그 자체만으로도 현금흐름에 대한 부담이 되어, 구매를 꺼리는 경우도 적지 않다.

이러한 점에서 부동산세는 반드시 고려해 투자해야 할 하나의 중요한 요소라는 점도 놓치면 안 된다. 내가 살 집을 구매를 하든, 투자 목적으로 구매를 하든, 부동산 구매 시에 현금흐름을 원활하게 하거나 판매 시에 원활하게 구매자를 찾아야 하기 때문이다.

앞서 국제전화가 온 사례는 개인의 입장에서는 당황해서 사안이 급한 것으로 느낄 수도 있겠지만, 한국과는 달리 미국의 세금 관련 법적 처리 절차는 일반적으로 처리 소요 시간이 매우 길다. 세금이 연체된 합리적인 사유를 잘 설명하고 밀린 부동산세와 규정상의 이자가 있다면 협의해서 면제받거나 납부하면서 문제를 잘 해결 할 수 있는 사안이다. 다행히 미납 세금에 대한 추가 이자 납부나 벌금의 문제 없이 잘 해결이 되었다.

8181	☐ VOID	☐ CORRECTED		
RECIPIENT'S/LENDER'S name, street address, city or town, state or province, country, ZIP or foreign postal code, and telephone no.		OMB No. 1545-1380 Form **1098** (Rev. January 2022) For calendar year 20____		**Mortgage Interest Statement**
		1 Mortgage interest received from payer(s)/borrower(s) $		Copy A For Internal Revenue Service Center
RECIPIENT'S/LENDER'S TIN	PAYER'S/BORROWER'S TIN	2 Outstanding mortgage principal $	3 Mortgage origination date	File with Form 1096.
		4 Refund of overpaid interest $	5 Mortgage insurance premiums $	For Privacy Act and Paperwork Reduction Act Notice, see the current General Instructions for Certain Information Returns.
PAYER'S/BORROWER'S name		6 Points paid on purchase of principal residence $		
Street address (including apt. no.)		7 ☐ If address of property securing mortgage is the same as PAYER'S/BORROWER'S address, check the box, or enter the address or description in box 8.		
City or town, state or province, country, and ZIP or foreign postal code		8 Address or description of property securing mortgage (see instructions)		
9 Number of properties securing the mortgage	10 Other			11 Mortgage acquisition date
Account number (see instructions)				

Form **1098** (Rev. 1-2022) Cat. No. 14402K www.irs.gov/Form1098 Department of the Treasury - Internal Revenue Service
Do Not Cut or Separate Forms on This Page — Do Not Cut or Separate Forms on This Page

1098 양식 샘플 일부의 모습. 다음의 홈페이지 링크를 통해서 확인할 수 있다.(https://www.irs.gov/pub/irs-pdf/f1098.pdf)

법인 설립 후 부동산 투자,
과연 실익이 있나?

사업체 관련 컨설팅을 하다 보면 미국 내 창업이나 미국 지사 설립과 관련된 법인 설립 업무에 대한 질문을 종종 받게 된다. 그런데 질문자의 이메일이나 전화 문의를 받을 때, 질문의 시작은 크게 두 가지의 유형이 있다.

그중에서도 가장 많은 유형이 "내가 어떤 사업 계획과 투자 계획을 가지고 어떤 형태의 사업을 하려고 하는데 어떤 법인이 적당할까요?"라는 형태로 모든 상황을 열어두고 적합한 법인을 고민하는 원론적인 질문이 있는 경우이다. 그다음 많은 유형이 "제가 LLC를 하나 만들려고 하는데 비용이 어떻게 되나요?"라고 이미 사업체의 형태가 정해진 상태에서 비용만 먼저 물어보는 경우이다.

사실 후자의 경우는 질문을 듣게 되면 순간 궁금증이 생기는 상황이기는 하다. LLC 설립이 고객에게 적합한지 모르는 전문가 입장에서 비용을 먼저 말을 해 줘야 하다 보니 사실 다른 질문을 먼저 하기도 애매하다.

질문을 한다고 해도 짜증 섞인 말투로 "LLC 설립 수수료 가격이 어떻게 되냐고요?"라며 다짜고짜 수수료 관련 재질문을 하며, 반문하는 경우도 많기 때문이다. 결국 후자의 경우는 안타깝지만, 비용만 설명하고 대화가 마무리가 된다.

과연 질문하시는 분은 본인이 LLC에 적합한 사업을 하려고 하는지는 과연 어디서 알게 되었을까? 단순히 회사가 별도의 이중과세를 받지 않는다는 것과 인터넷이나 여러 SNS 채널을 통해서 부동산 투자는 LLC로 해야 유리하다는 것에 대한 일반적인 정보 때문일까?

사실 자문해주는 전문가의 입장에서는 앞서 말한 질문의 두 가지 사례처럼 원론적인 질문을 하면 어떤 계획인지 하나부터 열까지 시간이 걸리더라도 적합한 설립 형태를 판단하기 위한 질문을 하게 된다.

하지만 후자와 같은 질문을 하면 해당 법인이 적합한지를 판단하기 위한 질문을 먼저 하기보다는 수수료 비용부터 설명해주게 된다. 여기서 미국에 사업 진출을 하려는 모든 분이 고민해 보아야 하는 것은 '특정 사업에 최적화된 법인 형태가 존재하는 것일까?'라는 질문의 답이다.

미국은 일반적으로 법인 설립(Establish)이 어렵지 않다. 그러나 청산(Dissolution)은 시간이 오래 걸리는 편이며 복잡하다. 미국에도 여러 가지 법인의 형태(Corporation Entity)가 존재한다. 회사의 규모나 투자금 혹은 하고자 하는 사업체의 방향에 따라서 사업체의 형태(Business Entity)가 결정되며, 각 주 정부와 지방정부의 규정에 따라서 법인이 설립된다.

법인을 설립하고 나서 법인 형태를 변경할 수도 있고, 특정 주(State)에 설립한 뒤에 다른 주로 법인을 이전(Transfer)할 수도 있으며, A주의 회사를 가지고 B주에서 사업을 할 수도 있다.

그렇다 보니 애초에 생각했던 것과 운영 방향이 달라져 뭔가 바뀌었거나 실수로 설립했다고 해도 큰 문제가 발생할 거로 생각하거나 걱정할 필요는 없다.

그런데 할 수 있는 규정은 분명히 있지만 사실상 진행 절차와 승인까지의 기간이 너무나 오래 걸리는 것이 문제다. 그렇다 보니 처음 설립할 때 가급적 내가 하려는 사업 방향에 맞게 제대로 설립해 두는 것이 좋다.

특히 부동산 투자에 대해서는 대부분의 자료를 찾아보면, "무조건 LLC를 설립해서 운영하는 것이 가장 좋다"라는 내용이 많다. 그 내용을 기반으로 LLC 설립을 어떻게 하는지, 설립하는데 들어가는 수수료는 얼마인지에 대해 문의부터 하게 되는 경우가 대부분이다. 물론 이해가 된다. 그러나 그건 투자하는 사람마다 완전히 다른 형태의 답변이 도출될 수 있다는 점을 간과해서는 안 된다.

일반적으로 개인이 투자용 부동산을 구매해서 임대(Rent)하는 경우 법인을 설립할 필요가 없다. 임대사업의 경우 개인 소득세 신고(Form 1040)에서 Schedule E라는 양식을 통해 소득 및 사업 비용 정산 신고를 하게 되기 때문에 반드시 사업체가 있어야 하는 것이 아니기 때문이다.

Schedule E라는 신고서 자체가 임대사업이나 로열티(Royalty) 수익에 대한 신고서이다. 결국 임대사업에 대한 법인 사업자 신고와 유사한 절세효과가 있기 때문에 LLC 설립 여부와 무관하게 세법적으로는 거의 동일한 절세(Tax Saving Plan)효과를 가지고 있다는 의미이다.

그러면 왜 법인 설립 후 투자하는 것에 대한 정보가 많은지와 여러 가지 법인 형태 중에도 LLC를 설립해서 투자하라는 추천이 많은지 세부적이면서 현실적인 내용을 알아보자.

우선 LLC는 외국인도 투자를 할 수 있는 형태의 법인이다. 즉, 외국인(Foreigner)이나 외국법인(Foreign Corporation)이 투자하는데 법적으로 문제가 없는 법인 형태이다. 특히 LLC는 세금보고 목적상 세 가지 형태의 법인 성격을 가질 수가 있다.

첫 번째가 회사 소유주를 'Officer'이라고 부르고 회사 대표를 CEO(Chief Executive Officer)라고 통상 칭하는 주식회사(C-corporation)의 형태를 가질 수 있다. 두 번째로는 회사의 소유주를 'Member'라고 부르고, 1명이 회사의 소유주이면, 1명의

'Member'를 가진 1인 기업이 되고 이런 형태를 '1인 유한책임회사(Single Member LLC)'[13]라고 한다. 마지막으로 세 번째가 2명 이상, 즉 여러 명의 'Member'가 있는 경우는 파트너십(Partnership)이라고 한다.

따라서 미국 회사 이름에 LLC라고 기재가 되어 있다고 해서 세법상으로도 다 같은 형태의 법적 지위나 행정적 처리가 되는 것은 아니라고 보면 된다. 여러 사업 형태 중에도 이번 장에서 다룰 주제는 부동산 투자에 가장 추천을 많이 받는 1인 기업, 즉 1인 유한책임회사에 국한해서 해당 법인을 설립하고 투자 및 운영을 하는 경우 어떤 영향을 미치는지 장점과 단점 각각 세 가지를 설명을 해보려고 한다. 우선, 장점부터 살펴보자.

첫 번째, LLC의 법률적 성격상 개인 소유주에 대한 법적 보호 기능이다. 주별로 다른 규정에 의해 법인을 설립하는 미국이지만, 모든 주에서 LLC의 약자는 'Limited Liability Corporation'으로 같다. 다시 말해 "책임의 한계"가 있다는 의미이다.

"미국은 소송(Lawsuit)을 하기가 쉬운 나라"라는 말을 많이 들어 보았을 것이다. 재미있는 것이 당연히 커피는 뜨겁지만, 커피숍 커피가 뜨겁다고 소송을 하고, 길 가다 캔을 밟아 넘어져도 캔 음료 만든 회사를 소송 하는 곳이 미국이다.

13) = Sole Member LLC

어찌 보면 임대업이 간단하고 쉬운 계약 같지만, 임대인이 거주하면서 계약한 임대 부동산에 거주하는 과정에서 상해나 계약과 관련이 되는 법적 분쟁이 일어날 수가 있다.

그렇게 되면 법인이 없는 경우 부동산 소유주인 개인이 송사에 휘말리게 된다. 물론 법인이 있어도 법인 대표자가 소송에 참여해야 하는 당사자이다. LLC의 장점은 법적 책임에 대한 한계를 두는 책임의 한계(Limited Liability)를 가지도록 한다는 데 있다.

개인이 소송의 절차에 참여하는 것과 소송의 당사자가 되는 것은 손해 책임의 범위에 대한 확연히 다른 문제이기 때문이다. 따라서 LLC 설립이 개인의 법적 보호 기능을 한다는 점이 큰 장점이 될 수 있다.

두 번째, 세법(Tax Law)상에 세금보고 목적에서 회사 자체가 납세자 번호를 가지고 있다. 납세자 번호라고 하는 것은 세금보고를 위한 고유 번호이며, 한국의 사업자 등록 번호와 같다. 세법상의 자료나 신고 명세 혹은 재무자료들을 회사의 명의 자체적으로 보유할 수 있다는 뜻이다.

어차피 개인이 임대소득에 대해 신고를 하는 경우와 법인을 만들어 신고하는 것이 세금 목적으로는 똑같이 Schedule E라는 양식을 통해 정산한다.

임대사업 자체의 소득에는 결국 패스스루(Pass Through)가 적용되므로 같이 보고되는 세금정산 방식에는 차이가 없다('패스스루'는 '통과되어 전달된다'라는 의미의 세법 및 상법상의 용어이다). 더구나

Schedule E의 경우에는 설립된 1인 유한책임회사의 정보가 별도로 국세청으로 보고되지는 않는다.

결국 개인의 입장에서 임대업을 하든, LLC를 만들어 임대업을 하든 개인 소득세 신고서에서 해당 납세자와 관련이 되는 모든 소득이 한꺼번에 종합 정산이 된다.

그러나 법인의 유무에 따라서 개인의 사회보장번호(SSN, Social Security Number)를 소득 신고 아이디로 사용하는지, 사업체 자체적으로 택스 아이디를 사용하는지가 결정된다. 세무 신고의 출발점부터 달라진다.

세금 신고(Corporation Tax Return)를 위한 손익 정산 시에도 회사 자체적인 법인통장(Corporation Bank Account)을 가지고 자금 관리를 별도로 하므로 회계 관리도 용이하다.

법인 설립 규정에 따라서 1인 유한책임회사의 신고가 별도로 된다면 납세자의 입장에서 혼돈되는 경우가 없을 텐데 세법적으로는 개인에게 합산되는 패스스루 인컴(Pass Through Income, 전이되는 소득)이기 때문에 혼돈되는 경우가 많다. 즉, 사업체에 소득 신고는 하되 직접 소득세를 납부하지 않고, 사업체의 소유주에게 전달되어 합산소득으로 과세가 된다.

쉽게 말해 어느 쪽으로 세금 관련 자료들이 보관되느냐 하는 문제이며, 독립적인 하나의 개체가 세금보고를 하고 있다는 의미가 되는 장점이 된다.

세 번째, 지방세(State and Local Tax)와 모기지 이자(Mortgage

Interest) 공제의 상한선이 없다. 어찌 보면 큰 규모의 투자자들에게는 이 세 번째가 가장 피부에 와닿는 장점일 수도 있겠다.

일반적으로 임대소득에 대한 신고에서 개인 명의든 법인 설립을 하든 일반적인 사업 비용공제의 차이는 없다. 그러나 개인 소득에서 신고하게 되는 경우 지방세금 납부와 은행 이자에 대한 공제에서는 세금공제의 상한선이 존재를 한다.

개인이 소유한 부동산의 경우 항목공제로 세금공제정산을 하는 경우에 공제 신청이 가능한데, 지방 부동산세는 최대 1만 달러까지(개인납세자는 5천 달러)가 연방정부 차원에서 공제가 된다. 모기지 융자에 대한 이자 납부액은 융자금액 75만 달러(부부 별도 신고의 경우 37만 5천 원)에 대해서만 이자 납부액이 공제되고, 그 이상 융자에 대해서는 공제가 되지 않는다.

사실 대다수의 모기지 융자의 경우 75만 달러가 넘어가는 경우가 많지는 않다. 즉, 지방세인 부동산세와 모기지 융자의 이자 납부 액수는 결코 작은 부분이 아님에도 불구하고 상한선을 가지고 있다.

개인이 신고하는 경우는 이러한 상한선이 존재하지만, 법인이 비용 처리 하는 방식으로 공제하는 경우는 모두 사업 비용 처리가 되기 때문에 공제의 한도가 없는 것이다.

일반적인 법인의 경우는 조정소득(Adjusted Gross Income)의 30%까지만 이자비용이 공제되고 나머지는 내년으로 이월되는 것이지만, 이런 이자비용 공제 규정의 제한은 과거 3년간의 평균 총

매출이 2천 500만 달러 이상인 경우에 적용이 된다. 임대업의 경우는 그런 정도의 소득 규모가 극히 드물어 공제 한도가 없다고 보아도 무방하기 때문이다.

물론 이 공제가 반드시 LLC를 설립해야만 적용받을 수 있는 것은 아니고 개인 소유의 개인 사업 형태라도 가능하다. 이 세 가지 외에도 찾아보자면 여러 가지가 있을 수 있겠지만, 투자자에게 가장 밀접한 관련이 있거나 대부분의 투자자들에게 영향이 가기 때문에 알아야 하는 장점들만 나열해 보았다.

장점을 보았으니 이제 단점 세 가지를 나열해 본다. 항상 모든 사안을 판단하는 데 있어서 장점보다는 단점을 더 보완하는 것이 리스크를 줄이는 데 도움이 된다. 가장 보편적으로 놓치는 것이 외국인이 투자한 LLC의 경우, 신고해야 하는 국제조세 규정을 몰라 신고 자체를 누락하는 경우가 많다는 것이다.

특히 이 책을 읽고 있는 독자 여러분들은 한국에서 미국으로 투자하려는 외국인 투자자인 경우가 많을 것이니 국제조세 관점에서 어떤 단점을 가지고 있는지 집중해서 알아보자.

첫 번째, 외국인 주주(Foreign Shareholder)에 대한 신고를 해야한다. 어떤 형태의 사업체이든 미국 내국법인(US Domestic Entity)의 소유주(Business Owner)가 외국인 혹은 외국법인이며 미국에 사업과 연관되어 소득이 있거나 25% 이상의 지분을 소유하는 경우가 있다. 이 소유주는 법인세 신고 시 법인세 신고서에 주주 명부(Shareholder List)는 물론 해당 소유주와의 거래 명세나 일반자료 및 재무자료 등을 미국 국세청에 신고해야 한다.

미국 법인이 독립적인 세무 신고서인 경우는 사실 외국인 주주 신고가 누락되는 경우가 많지는 않다. 법인(C-corporation)은 Form 1120으로, 파트너십은 Form 1065 등 사업체 자체에 별도의 신고서가 있기 때문이다.

법인에 대한 소득 신고서에 대해 각 해당하는 외국인 주주 신고서를 첨부해서 신고하면 된다. 그러나 1인 유한책임회사에 대한 신고서의 경우는 개인 소득세 신고서에 합산해서 세금 신고를 하다 보니 외국인 주주에 대해 신고를 하는 국제조세 규정을 누락하는 경우가 많다.

1인 유한책임회사가 외국인 주주가 있는 경우 세법적으로 별도의 신고양식 없이 사업소득에 대한 세금 신고가 개인 소득과 합산해서 이루어진다고 하더라도 법인의 양식인 Form 1120의 양식을 빌려 1인 유한책임회사의 외국 주주에 대해 신고를 해야 한다.

세법상으로는 1인 유한책임회사가 별도로 소득세 신고를 하지 않기 때문에 실체가 없는 법인(Disregarded Entity)이라고 불린다. 별도의 독립적인 보고서가 없는 실체가 없는 법인이다 보니 따로 개인 소득세 신고서 자체에 외국인 주주에 대한 신고가 없다. 별도의 법인 신고서를 빌려 국세청에 지정된 다른 부서로 해당 신고를 하게 되는 것이다.

미국의 내국법인의 외국인 주주 신고는 매우 중요하다. 왜냐하면 신고 누락에 대한 벌금(Penalty) 규정이 존재하고 액수도 2만 5천 달러로 적지가 않기 때문이다.

더욱이 규정을 알면서도 통계적으로 국세청에서 별도로 감사(audit)를 하거나 적발이 되지 않은 경우가 적발되는 경우보다 더 많다 보니 '신고하지 않아도 괜찮지 않을까?'라는 안일한 생각을 하는 납세자가 적지가 않다.

최근 들어 미국 정부와 해외 정부 특히, 한국 정부 간의 세무 정보교환은 매우 정교하게 이루어지고 있다. 몇 년 전만 해도 해외 계좌 신고(Foreign Account Report) 규정인 FBAR과 FATCA 신고 규정을 준수하지 않은 경우 적발되는 사례가 많지 않았는데, 최근에는 급격히 증가하고 있다. 이와 마찬가지로 미국에서 수익을 벌어가는 외국인 주주에 대한 신고 누락에 대한 적발도 점차 증가하는 것도 사실이다.

기본적으로 미국에서 수익을 벌어가는 외국인은 소득에 대해 원천징수(Withholding)를 해야 하고, 원천징수를 하거나 소득세를 징수하기 위해서 기본적으로 알아야 하는 것이 법인의 주주 규모이다.

해당 외국인 주주가 해외에 어떤 사업소득이 있는지, 어떤 투자자인지를 미국 정부는 알아 두려고 하는 것이고, 따라서 별도의 벌금 규정까지 두고 있다.

두 번째, 주 정부에 LLC에 대한 설립과 유지와 관련된 행정 소요가 발생한다. 미국의 법인 설립은 주 정부의 규정에 따라 설립이 된다. LLC를 설립하게 되는 주는 주 정부에 반드시 LLC에 대한 신고를 해야 한다.

대부분의 주가 별도로 LLC를 신고하는 규정이 따로 있는 것은 아니지만 캘리포니아(CA)주나 뉴욕주처럼 설립 시부터 별도로 규정을 까다롭게 하고, 세무 신고도 역시 별도로 하는 규정을 두고 있는 주들도 있다.

물론 주 정부에 별도로 법인을 설립하지 않았다고 하더라도 부동산이 존재하는 주에는 세금 신고를 해야 한다. 왜냐하면 해당 주에 원천이 되는 자산을 가지고 있고, 해당 자산으로 인해 소득이 발생하고 있기 때문에 원천소득(Source of Income)에 대한 소득세 신고를 해야 하는 것이다.

집에 투자해서 구매하고도 임대하지 않고 집을 그냥 비워두고 있다면 소득이 없으니 소득세 신고를 하지 않아도 된다. 부동산세를 납부하고 있고, 세금 관련 정보가 주 지방정부에 신고 및 납부가 되고 있기 때문에 소득이 없으면 없다는 소득이 0원으로 신고가 되더라도 그 자체로 정보 보고를 할 필요가 있다.

어쨌든 주 정부 규정에 의해 설립된 LLC는 설립 초기부터 각 주의 규정에 따른 설립 절차를 지켜야 하고, 설립을 완료하고 사업체를 유지하는 과정에서도 주 정부의 사업체 세무 신고 규정을 준수해야 한다.

세 번째, 세무 신고와는 별도로 주기적으로 주 정부에 현재 법인의 정보를 신고해야 한다. 각 주 정부는 해당 주 정부 관할 안에 설립이 된 사업체의 현재 운영 상태에 대한 신고를 연 단위로 해야 한다. 뉴저지처럼 매년 신고해야 하는 경우도 있고, 뉴욕처럼 2년에 한 번씩 하는 경우도 있다.

신고를 하는 규정의 용어도 매년 신고해야 하므로 그 용어가 연차보고서(Annual Report)라고 불리는 주도 있고 마치 세금처럼 프랜차이즈세(Franchise Tax)라고 불리는 주도 있다. 용어나 방식, 그리고 액수와 절차는 다를 수 있겠지만 사업체의 세금 신고와는 무관하게 주 정부에 사업체의 상황 보고를 해야 하는 것은 동일하다.

법인 설립, 현명하게 선택하자

앞서 설명한 가장 큰 장단점 3가지 이외에 부차적인 내용들을 추가로 살펴보면, 독립 법인인 주식회사(C-corporation)의 경우는 회사 정관(Certificate of Incorporation/Article of Incorporation)이나 회사 내규(By Law) 회사 의사록(Minute) 등을 유지관리해야 한다.

파트너십은 파트너들 간에 운영 계약서(Operating Agreement)에 대해서 유지/관리를 해야 하지만 1인 유한책임회사는 회사 내부적으로 해당 서류들을 주기적으로 유지/관리하지 않아도 되는 장점이 있다.

그러나 최소한 현재 회사의 주소, 연락처 등의 일반 정보나 현재 소유주의 정보 혹은 종업원 유지 명세나 사업체의 통상적 의무 보험인 종업원 상해 보험 가입 여부 등을 회사 내부적으로는 특별히 관리하지 않더라도 주 정부에 보고하게 된다.

물론 해당 주 정부 보고 규정은 1인 유한책임회사뿐만 아니라 모든 형태의 법인이 보고하는 것이다. 보고 시기나 내용 및 절차들은 대부분 각 주 정부에서 관련 신고 내용과 절차를 우편으로 공지해 준다.

결국 LLC를 설립함으로써 진행해야 하는 추가적인 행정 소요가 절대 적지는 않다. 별것 아닌 것 같지만 LLC가 개인에게 책임의 한도를 보호해주는 것은 설립했을 때 유용한 법인이며, 도움이 되는 사업 형태라는 것을 보여준다.

또한 해당 사업체가 소유한 부동산이므로 다음에 재산을 증여나 상속하는데도 사업체의 소유권이 명확하게 되어 있어 행정적으로 매우 도움이 된다. 추가로 법인의 형태를 변경해서 추가 투자자를 모집하는 등의 사업적 변경이나 부동산 소유주 변경 등을 할 때도 도움이 된다.

그러나 정리해보자면, 사업의 규모와 사업 기간, 임대해서 벌어들이는 수익의 규모, 투자 후 개인이 원하는 투자자의 임대업 운영 방식에 따라 법인 설립 여부를 결정해야 한다.

단순하게 설립은 쉽고 청산은 어렵다는 것도 이유가 되겠지만, 수익 규모가 크지 않고 특별히 증여나 상속에 대한 계획도 없고, 특히 짧은 기간 동안 소유했다가 판매하려는 자녀 유학 등의 일시적인 사유의 투자를 위해 법인 설립하려는 투자자들도 있다.

이런 경우에 굳이 단점에서 나열한 여러 가지 복잡한 보고 규정을 지켜가며 굳이 법인 설립을 할 필요가 없는 것이다. 소득이나 투자 이익(Investment Income)은 별로 없는데 관리하는 비용이 더 많이 들면 배보다 배꼽이 더 큰 경우가 발생할 수 있다.

특히 외국에 사업체를 소유하는 개인이 설립하는 경우는 외국 사업체 관련된 부분까지도 신고해야 하는 경우가 있어 그 복잡성과 비용은 몇 배로 가중된다.

결론적으로 미국에 1인 유한책임회사 형태의 실체가 없는 법인을 설립해 투자하면 보편적으로 관리가 유용해지며 사업변화에 유연하게 응대할 수는 있다. 모든 이에게 100% 적용이 되는 이익이 존재하는 것은 아니며, 각 투자자의 투자 계획에 따라 다르게 판단해야 하고 어느 노래 제목처럼 "무조건" 설립하는 것이 좋다고 할 수 없다.

지방세와 대출이자

　미국에서 세금관련 업무를 하다 보면 자주 받는 질문 중의 하나가 "제가 이번에 집을 하나 사려고 융자받으려고 하는데요…" 라고 시작하는 질문이다. 이런 질문을 세무 대리인에게 하는 이유는 융자 신청 관련 증빙 심사 서류에 가장 중요하게 필요한 서류 중의 하나가 융자받았을 때 잘 갚을 수 있는 능력을 보는 소득증명(Income Verification)이기 때문이다.

　소득증명을 하는 것 중에 가장 기본이 되는 서류가 개인 세금 보고서인데, 해당 서류가 필요한 상황이기 때문이기도 하고, 어떻게 소득이 정리되어 보고 되는지 설명이 필요해서이기도 하다.

　특히 납세자의 입장에서 사업을 하는 경우 어느 정도 사업소득(Business Income)이 유지가 되어야만 충분한 소득으로 인정받고 은행에서 융자승인(Loan Approval)을 받을 수 있다. 사업소득에 대한 규모를 확인하는 가장 보편적인 방법이 세금 보고서(Income Tax Return)이고, 때로는 전문가의 설명이 필요한 상황이다 보니 이런 질문을 많이 받게 된다.

보편적으로 사람이 인생을 살다 보면 돈이 필요한 경우 은행에 가서 돈을 빌린다. 이 과정을 우리는 융자를 받는다고 한다. 융자를 받아내는 것도 개인의 능력이다. "부채(Liability)도 자산(Asset)"이라는 말이 있듯이 융자받기 위해서는 개인의 신용도(Personal Credit)가 좋아야 하고 필요에 따라서는 담보 물건도 있어야 융자가 가능하다. 미국의 경우는 은행들이 많은 종류의 부동산 융자 프로그램을 가지고 있다.

부동산 융자 프로그램은 집을 담보 물건으로 설정해서 돈을 빌린 사람이 융자 금액에 대한 은행 고지서 내용에 맞게 납부를 정상적으로 하지 않는 경우에, 법적으로 은행이 차압(Foreclosure)할 수 있는 권한을 가진 상태에서 개인에게 제공하는 담보 융자(Secured Loan) 중의 하나인 것이다.

미국 시중 은행이 가장 일반적으로 부동산 구매 시 받는 융자는 20%를 구매자 본인의 실투자금으로 하고 80%를 융자받는 형태이다. 예를 들어 100만 달러의 집을 산다고 가정을 하면, 20만 달러를 개인 돈으로 지불하고 80만 달러를 은행에서 빌려 집을 구매하는 형태라는 뜻이다.

또한 미국에 부동산 융자 은행의 종류도 다양하다. 심지어 부동산에 대한 융자만을 전문으로 하는 은행도 존재한다. 미국 내 거주하는 내국인이 융자받는 경우보다 외국인이 융자받는 경우에서는 부동산 융자 상환에 대한 리스크를 줄이기 위해 조건을 더 까다롭게 한다.

다운페이먼트(Down Payment), 즉 은행 대출을 제외한 개인이 내야 하는 나머지 실투자금을 추가로 요청할 수도 있고, LLC를 설립해서 투자하는 경우는 이제 막 설립된 LLC의 경우 신규 사업체이다 보니 심사를 까다롭게 하는 등의 경우이다. 즉, 돈을 빌려주고 잘 갚을 수 있는 현금흐름이나 수익 구조(Income Ratio)로 되어 있는 상태인지 확인한다.

융자 신청자가 요청하는 융자 액수를 빌려주어도 충분히 이자를 포함해서 채무를 이상 없이 상환받을 수 있는지, 담보 물건은 충분히 담보로서의 가치가 있는지 등 신청자와 담보물의 적합성을 명확히 판단해 융자를 승인해야 하는 은행 입장에서는 당연한 절차이다.

이러한 은행 융자 프로그램의 절차에 따라 승인이 난 융자에 대해서 상호 간에 약정이 된 원금과 이자를 정해진 기간과 방식대로 납부해야 한다는 것을 많은 분들이 잘 알고 있다.

또한 만약 부과된 명세를 정상적으로 납부하지 않고 채무 이행에 대한 법적 문제가 생긴다면, 납부에 대해 독촉을 받은 후에 결국 담보 물건이 차압될 수 있다는 것 정도는 많은 분들이 잘 알고 있다.

물론 차압이 된다는 것이 한국의 여느 드라마에서 볼 수 있는 장면, 즉 집에 갑자기 누군가 찾아와서 빨간색 스티커를 여기저기 붙이는 것을 상상할 수 있는데, 미국의 경우 그렇지는 않고, 법원 판단 혹은 당사자 간의 합의 과정(Debt Settlement)을 통해, 은행과 국가가 정한 규정에 따라 담보 물건에 대한 권한 행사를 여러 가지 방법으로 진행하고 있다.

사실 원금은 당연히 갚아야 하는 것이지만, 빌린 돈에 이자를 내지 않고 은행 돈을 빌릴 수 있다면 얼마나 행복하겠는가? 누구나 무이자로 은행 돈을 빌려 자금을 활용할 여건이 된다면, 그 자금으로 수익을 만들어 내기 위해 무언가에 투자를 하려고 할 것이다. 그러나 돈을 빌리게 되면 이자를 내야 하므로 함부로 융자를 신청할 수도 없고, 신중해야 한다.

그런데 미국에 있는 부동산을 구매하거나 부동산에 투자할 때 더 유용하고 적극적으로 활용할 수 있는 정보 중 하나는 모기지 융자받아 납부하게 되는 이자는 연방정부의 소득세 신고 시 항목공제를 받는 경우에 지방세 납부 공제 규정에 의해 세금공제를 받을 수 있다는 점이다.

물론 무제한으로 공제가 되는 것은 아니다. 부동산 이자는 융자의 액수가 75만 달러 이내에 대해서만 공제가 된다. 개인 소득세 신고 시에 누가 어떤 방식으로 신고하느냐에 대한 신고 지위(Filing Status)라는 것이 있다. 신고 지위에서 개인(Single) 납세자이거나 부부가 같이 신고하는 부부합산(Marriage Filing Jointly) 소득 신고의 경우 75만 달러의 대출까지 이자가 공제된다.

개인적인 사유에 의해서 부부가 같이 소득을 합산해서 신고하지 않고 부부 별도(Marriage Filing Separately) 신고하거나 부양가족이 있어 부양가족(Head of Household) 납세자 지위로 신고하는 경우는 37만 5천 달러까지 융자받은 액수(Debt Amount)에 대한 이자가 공제된다.

세법이라는 것이 종종 변경되기 때문에 현행 규정은 1987년 10월 13일 이전에 융자받은 경우에 이자는 융자 액수와 상관없이 모두 공제가 된다. 그 이후부터 2017년 12월 16일까지 받은 융자의 경우는 최대 100만 달러까지의 융자에 대해서 이자가 공제되며, 현재 시행 중인 것은 75만 달러 융자까지 이자 공제가 된다.

시기에 따라 법안이 변경되다 보니 솔직히 좀 복잡하지만, 지금 투자를 고려하는 분들은 현재 시행 중인 법안인 75만 달러 혹은 신고 지위에 따라 37만 5천 달러 융자 원금에 대한 이자만 공제가 된다는 부분을 인지하고 있으면 된다.

따라서 대단한 가격, 다시 말해 수백만 불의 가치가 있는 부동산에 투자할 상황이 아니라면 대부분의 투자자에게 모기지 융자 이자 공제는 거의 100% 적용이 된다. 집을 구매하는 데에 융자받는다는 것을 꺼릴 필요가 없는, 유효한 공격적 투자 수단 중의 하나인 것이다.

현재 시행 중인 개인 소득세법(Personal Income Tax Law)은 2025년까지 시행이 되고 그 이후에는 다시 원래대로 변경될 수 있다는 점도 중요하다. 2017년 말에 신규로 발의되어 통과된 감세 및 일자리 법(TCJA, Tax Cuts and Jobs Act)에 포함이 된 신규 세법 규정은 2018년부터 2025년까지 한시적으로 시행되는 세법이다. 따로 법안이 별도로 발의되어 개정되지 않는다면, 2025년부터는 다시 그 전 상황, 즉 100만 달러까지 공제로 돌아갈 수도 있는 상황이 온다는 점도 중요하다. 이런 방식으로 한시적으로 적용되는 법을 "일몰법(Sunset Provision)"이라고 하는데 말 그대로 하루에 해가 지고 결국 저녁이 오듯이 일정 시기까지만 유효하고 특정한 날이 되면 법이 효력을 잃게 되기 때문에 이 법의 전 상황으로 돌아간다.

하지만 일몰법이 적용되는 것은 개인 소득세법에 대해서만 적용되며, 현재 규정이 앞으로도 개정되거나 폐기되는 등의 변수가 없는 한 법인세법(Corporation Tax Law)은 지속될 예정이다. 만약에 2025년에 의회가 다시 현행법을 재승인하고 법안을 갱신하게 되면 유지될 가능성도 있다.

이처럼 미국에서는 집이라는 것이 거주 목적의 필수 요소라고 인식이 된다. 의식주가 인간이 살아가는 데 필수적인 최소한의 3대 요소라면, 그중에 집에 해당하는 주는 역시나 임대하든 구매하든 둘 중 하나의 형태로만 소유할 수 있는 것이다.

은행에서 돈을 빌리는 절차가 지나치게 까다롭거나, 조건이 되어 은행의 승인을 받아 잘 구매했다고 하더라도 원금, 이자, 부동산세 등 내가 실제 지불하는 돈의 액수가 지나치게 크다면 원만

한 채무 상환의 어려움이 있을 수 있어 투자나 구매를 하는 것 자체는 정말 어려운 일이 될 것이다.

더군다나 융자받을 때 대부분의 사람들이 얼마나 높은 이자 비용을 내야 하는지에 대한 고민을 가장 많이 하는데, 미국에서는 은행 융자에 대한 이자 비용을 내더라도 세금공제를 받을 수 있는 세법 규정이 존재한다. 미국 부동산 소유의 절차적 문화에서는 은행 문턱을 두드리는 것이 선택의 문제가 아니라 필수적이고 당연한 행위이다.

따라서 부동산 투자 전 현금흐름의 계획을 세우고 준비하는 과정에서, 은행융자의 기본적인 이해와 절차 및 세법의 이자 공제 규정은 자금 운용의 리스크를 줄이기 위한 방안이다. 미국 부동산 소유자들, 투자자들은 이러한 규정을 명확히 사전에 인지해 둘 필요가 있다.

이가 없으면 잇몸으로, 사회보장번호 없으면 개인 납세자 번호로

개인 납세자 번호(ITIN)로 거래부터 판매까지

김대한 씨는 한국에 거주하며 미국 부동산에 투자해서 집을 구매하고 본인의 자녀가 유학하러 가면 그 집에 거주하도록 하려고 계획을 했다. 순수하게 한국 세법상 한국 거주자였던 분이라 미국 세금에 대해서 밝지는 못했다. 김대한 씨는 그러한 과정에서도 무사히 미국에 아파트를 구매했고, 자녀들이 유학하러 간 뒤로 그 집에 살게 되었다.

그런데 본인이 구매한 집에 자녀들이 거주했기 때문에 실제 따로 임대소득이 없었던 곳이라 따로 임대소득세 신고를 할 필요가 없던 상황이었던 모양이다.

그렇게 본인 자녀들이 미국 유학을 하고 마친 약 6~7년 뒤에 이제 더 이상 그 아파트가 필요 없다는 생각에 집을 팔려고 내놓

왔다. 그런데 집을 구매하려는 구매자가 양도소득에 대해 원천징수해야 하니 납세자 번호(Tax ID, Taxpayer Identification Number, 택스아이디)를 제출해 달라고 요청받은 것이다.

그러나 그동안 세금 신고할 필요가 없었던 김대한 씨는 납세자 번호 신청의 필요성을 느끼지 못해 신청하지 않았다. 집을 판매하려다가 마지막 계약 단계에 와서 구매자가 판매자를 대상으로 이행해야 하는 원천징수 규정을 이행할 수가 없는 당황스러운 상황이 된 것이다. 원천징수 규정에 대해서는 뒷부분에서 자세히 설명하겠다. 부랴부랴 급한 마음에 납세자 번호 신청을 하기 위해 세무회계 법인에 상담 연락이 온 것이다.

그러나 납세자 번호는 간단하게 온라인으로 신청해서 바로 발급되는 것이 아니고, 국세청에서 신청자의 납세자 번호에 대한 필요성과 신원 확인을 위한 여권(passport) 등의 서류를 검토하고 승인 절차를 거쳐 발급해주는 것이다.

그러니 집을 빨리 팔고 거래를 마무리해야 하는 김대한 씨의 입장에서는 정말 당황스러운 상황이었다. 그렇다고 집을 구매하려는 구매자가 막연히 납세자 번호가 나올 때까지 기다려 줄지 모르는 어처구니없는 상황이 된 것이다.

미국 부동산에 투자하고 나중에 집을 다시 팔게 되었을 때 양도소득이 발생하는 것은 많은 사람이 알고 있지만, 이에 대한 원천징수를 한다는 것이 무슨 말인지부터 알아야 한다. 앞서 말했듯이 미국 연방 세법에는 FIRPTA라고 하는 규정이 있다.

쉽게 설명하면 외국인이 미국 부동산에 투자해서 나중에 판매하게 되었을 때, 판매에 대한 이익금이 생기는 경우 양도소득에 대한 15%를 판매 시점에 미리 세금 납부를 해야 한다. 즉, 최종적으로 판매자가 판매한 부동산 양도소득에 대해 신고하기 전에 구매자가 미리 판매자로부터 원천징수해서 국세청에 신고 및 납세하는 예납 규정이다.

결국 과세 당국 입장에서는 외국인이 집을 구매해서 부동산 투자 소득인 양도소득을 벌어들이고도 소득세 신고 및 납세(Tax Payment)를 하지 않고 그냥 모르쇠로 세금탈루하는 것을 방지해야 한다. 이 규정에 의하면, 집을 구매하는 구매자가 책임지고 원천징수를 해서 예납해 두도록 강제한다.

결국 앞선 상담 사례에서도 김대한 씨는 임대소득이 없어서 소득세 신고를 할 필요 없는 상황이지만, 나중을 위해서라도 납세자 번호가 필요했다. 왜냐하면 미국에 세금을 신고하거나 세금을 납부하려고 해도 해당 신고 및 납세 명세를 기록하기 위한 납세자 고유 번호가 있어야 하고, 그것이 바로 납세자 번호이기 때문이다.

미국에서 납세자 번호로 사용할 수 있는 것은 두 가지가 있다. 사회보장번호(SSN, Social Security Number)와 개인 납세자 번호(ITIN, Individual Taxpayer Identification Number)가 있다. 미국에서 합법적으로 일을 할 수 있는 신분으로 미국에 거주하는 미국 시민권자(Citizen), 영주권자(Green Card)는 물론 일반 비자 신분(Visa) 중 일을 할 수 있는 비자들은 사회보장번호(SSN)를 발급받을 수 있다. 한국에 주민등록번호와 같은 맥락으로 사용되는 사회보장번호를 그대로 납세자 번호로 사용 가능하다.

그런데 미국에 거주하지 않는 외국인인 경우는 합법적으로 미국 내 취업을 할 수가 없으니 사회보장번호가 있을 리가 만무하다. 물론 신청해도 발급 거절이 된다. 그럴 때 필요하면 발급받는 것이 바로 개인 납세자 번호(ITIN)이다. 이 번호는 미국에 세금 보고나 납세에 대한 필요가 있는 개인들이 발급받는 납세자 번호이다.

결국 미국에서 납세자 번호로 활용하는 두 가지의 번호는 사회보장번호(SSN)와 개인 납세자 번호(ITIN)이다. 이 둘 중 한 가지를 활용해서 세금 관련 신고나 납부를 하게 되고, 납세나 세금 신고 기록을 보유하게 된다.

이민을 오는 과정에서 두 가지 번호를 모두 가지게 되는 경우에는 사회보장번호가 우선시되고, ITIN은 소멸시켜야 한다. 즉, 만약에 본인이 필요에 의해 ITIN을 발급받아 사용하고 있다가 다음에 비자나 신분 변경으로 미국에 사회보장번호를 받게 된다면 국세청에 따로 서류를 보내야 한다.

기존의 ITIN과 새로 받은 사회보장번호의 모든 세금 정보를 통합하고, 기존에 받은 ITIN을 소멸(expire)시켜 달라는 요청을 해야 한다. 납세자의 세금 관련 자료가 미 국세청에 이중으로 관리가 되어서는 안 되기 때문이다.

어찌 보면 별것 아닌 것 같은 미국 납세자 번호는 미국과 연관된 금전적 거래가 있는 경우에는 필수적이다. 어떤 종류의 수익을 미국에서 가져가든지 상관없이 미국과 어떤 사업적 거래(Business Transaction)가 있는 경우, 미국 내 은행에 통장(Bank Account)을 만드는 경우, 회사(Business Entity)를 설립하는 경우 등 금전 거래와 관련이 되는 경우에 꼭 필요한 고유 번호이다.

따라서 사업적 거래이면서 은행계좌가 모두 필요한 부동산 투자를 하려는 사람은 당연히 납세자 번호가 필요하다. 역시나 금전 거래의 하나임에도 불구하고, 부동산 투자의 경우에 앞서 얘기한 김대한 씨처럼 임대소득이 없어서 소득세 신고를 하지 않아도 되는 분들은 특히나 납세자 번호의 필요성을 간과하기가 쉽다.

소득은 다양한 형태가 있어서 양도소득도 소득세의 하나이기 때문에 결국 납세자 번호가 필요하게 된 것이다. 김대한 씨와는 다르게 만약 임대소득이 있다면, 매년 해당 소득에 대해서 미국에 신고해야 하므로 더 말할 나위가 없이 반드시 미리 신청해서 받아 두어야 한다.

미국 납세자 번호는 미국 국세청에 직접 W-7이라는 신청서를 통해 누구나 신청을 할 수가 있다. 그러나 왜 신청하는지 소명해야 하고, 추가로 여권 등을 통해 본인의 국적과 신원을 확실하게 밝혀야 한다.

미 국세청 세무 대리업무(Tax Agent)를 하는 세법 전문 변호사나 회계사, 세무사 등의 세무 전문가 중에서 미 국세청으로부터 공인 에이전트(CAA, Certified Accepted Agent)의 승인을 받은 개인이나 회사가 있다.

CAA 승인을 받은 개인이나 회사는 미 국세청에 납세자 번호 발급에 대한 사전 서류 검토에 대한 자격을 부여받는다. 미국 국세청의 납세자 번호 발급 업무에 대해서는 지역 사무실(Local Office) 역할을 하면서 별도의 핫라인(Hot Line)을 통해 업무를 하게 되어 발급을 보다 원활하고도 빠르게 받을 수 있다.

그래도 결국 김대한 씨는 CAA로 승인된 세무 대리인을 찾아 ITIN을 무사히 승인받았고 그때까지 기다려준 고마운 구매자 덕분에 거래를 잘 마무리하고 판매를 잘했다는 소식을 전해 들었다.

이처럼 납세자 번호는 미국과 어떤 금전 거래가 생기더라도 꼭 필요한 정보이다. 대부분의 미국에 행정 업무는 아직도 전산화된 것보다는 실제 서류로 우편으로 접수해야 하는 비전산화되어 있는 경우가 많아 우편 전달부터 시간이 소요되어 업무가 최종 마무리되는 데까지는 상당한 시간이 소요된다.

따라서 미국과 관련된 어떤 업무를 할 때, 특히 대리인을 통해 업무를 진행할 때는 가급적 어떤 절차를 통해서 해야 하는지에 대한 시간 판단과 절차를 미리 확인해 두는 습관을 들여야 한다. 그래야 세무 대리인과의 업무 지연 등의 불필요한 오해의 소지가 없고, 원활한 업무 처리가 가능하다.

외국인 부동산 투자: 부동산세는 내고
소득세는 안 내는 아이러니

뉴욕 부동산, 특히 뉴욕시(New York City)는 아름다운 금융의 도시이며 미국 여러 대도시 중에서도 산업과 투자의 중심 도시로 알려져 있다. 그러다 보니 맨해튼의 아파트에 투자해서 임대를 하면 워낙 임대소득의 효율이 높다는 소식을 쉽게 접하게 된다.

박뉴욕 씨는 2016년경에 아파트를 하나 구매해서 임대하고 있었다. 역시나 워낙 인구가 많은 번화가이다 보니 임대계약(Lease Contract)이 끝나도 바로 다음 임차인(tenant)이 들어 올 정도로 충분히 투자 수익이 기대에 부응했다고 한다.

그런데 박뉴욕 씨는 그렇게 세월이 흐르던 중 미국에서 벌어들이는 임대소득에 대해서 미국에 소득세 신고를 해야 한다는 것을 뒤늦게 알게 되었다.

2016년부터 현재에 이르는 연도별 소득세 신고를 하고, 늦게 신고한 것에 대한 이자와 페널티를 추가로 가산세처럼 납부하면서 일단락을 지었다. 분명 미국 부동산인데, 왜 한국에만 임대소득을 신고하면 된다고 생각했는지 모르겠다고 쓴웃음을 지었다.

박뉴욕 씨는 외국에 원천소득이 있지만 외국 부동산 취득 신고와 외국 소득에 대해서 한국에 종합 소득세 신고를 했다. 해외 원천소득에 대한 소득 신고도 했고, 본인이 미국에 거주자 혹은 시민 영주권자가 아니기 때문에 따로 미국에도 신고해야 한다는 것을 간과했다.

충분히 그럴 수가 있다. 사실, 미국 땅에 건설된 부동산 자산이다 보니 결국에 할 수밖에 없는 임대소득을 신고하지 않은 경우에 투자자가 손해를 보는 경우는 많다.

첫 번째, 만약에 세금 신고는 안 했지만, 총소득에 대한 원천징수를 했다면, 분명 안 내도 될 세금을 낸 것이다. 연방, 주 정부 모두 본인이 원래 납부해야 하는 과세소득(Taxable Income)에서 세금을 내기보다는 원천징수의 일반적인 세율 30%로 세금을 예납해 두었기 때문이다.

두 번째, 임대소득과 관련된 사업 비용(Business Expenses)공제를 인정받지 못한 채 중간예납이나 원천징수를 한 것이다. 그나마 중간예납이나 원천징수를 했다면 세금 신고는 안 했어도 세금이라도 냈으니 벌금 등의 금전적 손해는 덜 하겠다. 하지만 신고도 원천징수도 하지 않은 박뉴욕 씨의 경우는 신고를 다 하고 세금을 내고도 추가의 이자와 벌금이 부과된다.

주 정부에 따라서는 원천징수 대상의 규정에 부합되는 경우 원천징수를 하지 않은 것 자체로만 벌금이 부과되는 주도 있다. 결국 어차피 신고해야 하는 소득세 신고인데, 사업 비용공제를 받지 못하는 손해가 발생한다.

세 번째, 외국 세액공제(Foreign Tax Credit)를 놓칠 수 있다. 한국은 5월에 종합 소득세 신고를 한다. 박뉴욕 씨도 5월에 종합 소득세 신고를 했다. 그런데 미국의 소득세 신고서는 통상 4월 15일까지 한다.

두 국가 모두 상대방 국가에 납부한 동일 소득에 대해서는 외국 세액공제를 해주는 규정이 있다. 만약 박뉴욕 씨가 미국에 4월 15일까지 작년도 임대소득에 대한 신고를 정상적으로 했다면, 미국 임대사업에 손실이 나지 않은 이상 납세액이 발생했을 것이다.

그렇다면 한국 정부에 종합 소득세 신고할 때 해당 납세액은 외국 세액공제 신청을 할 수가 있다. 만약 해외 임대소득 이외에 한국에 다른 소득까지 있는 상태였다면, 세액을 감소시키는 절세 효과를 보여 주었을 것이다.

그러나 신고를 거꾸로 했고, 미국에 소득세를 신고하지 않았기 때문에 한국에서는 임대소득에 대한 외국 세액공제 신청을 하지도 못했다. 결국 미국에만 늦게 신고한 뒤 이자와 벌금을 추가로 납부하는 안타까운 상황이 되었다.

이러한 아이러니는 납세자들의 잘못된 인식에도 있다. '해외에 부동산이 있고, 거기에 소득이 있다는 것을 한국 정부가 어떻게 알아?'라는 생각을 하시고 한국에 부동산 취득 신고 및 소득 신고를 제대로 하지 않는 분들도 있다. '미국 정부가 이 부동산이 외국인의 소유라는 것을 어떻게 알아?'라고 생각하시고 세금 신고를 하지 않는 분들도 있다.

거리 곳곳에 스피드 카메라가 따로 없는 미국에서는 경찰이 속도위반 차량을 현장에서 적발하고, 그 차를 세운 뒤 범칙금(ticket penalty)을 발부해야지 과속 위반 차량이 된다.

마찬가지로 미국 세금이라는 것이 납세자가 성실하게 규정에 맞게 신고하지 않는 경우라고 해도 과세당국에 적발되지 않으면 아무리 이상한 세금 보고서라도 그냥 넘어가게 된다.

간혹 개인이 직접 온라인에서 세무 신고 프로그램으로 신고한 경우 잘못 신고한 내용이 너무나 많은데도 세무감사(Tax Audit)에 적발되지 않은 걸 보면 신기할 정도인 경우도 있다. 그러나 미국에 외국인 소유의 부동산이 있는 경우 납세자가 나서지 않으면 정부는 알 수 없도록 아무 보고도 되지 않는 것이 아니다.

소득과는 전혀 무관하게 부동산세가 지방정부에 보고가 되고 있다는 사실이다. 즉, 누가 이 부동산을 소유했고, 얼마의 부동산세를 납부하고 있는지 정부는 이미 알고 있다는 사실이다.

결국 적발만 되지 않았지, 언제든지 해당 부동산 소유로 인해 소득세가 발생한 것은 없는지에 대한 의심과 세무감사의 위험성은 언제든 발행할 수 있는 상황에 놓여 있는 것이다. 그런데도 미국에 부동산을 소유하고 있는 외국인이 미국에 소득세 신고(US Income Tax Report)를 하지 않는다는 것은 정말 아이러니한 일이다.

물론 임대소득이 정말 없는 경우는 당연히 신고할 필요가 없고, 집을 팔 때도 정말 양도소득이 없는 경우는 양도세 신고는 해야 하지만 납부할 필요가 없다. 실질적으로 소득이 없기 때문이다. 그러나 과세 당국의 입장에서는 외국인이 부동산을 소유하고 있다는 그 자체만으로도 소득이 있을 것이라는 합리적 의심을 할 수가 있다.

또한 임대소득 신고는 단순히 소득만 신고하고 세금을 내는 것이 아니다. 미국 세법상 외국인이 부동산 소득에 대해서 신고하는 경우는 미국과 연관된 소득이 아니기 때문에(Not Effectively Connected Income) 30%의 소득세가 과세한다.

한미 조세조약에 임대소득에 대해서 특별 세율은 따로 존재하지 않기 때문에 총 벌어들이는 임대소득의 30%를 세금으로 내게 되면 무엇이 투자 이득으로 남게 될 것인가? 오로지 임대소득이 아닌 양도소득만을 바라보고 부동산은 투자하는 경우는 많지는 않을 것이다.

그렇기 때문에 외국인이 미국에 부동산 투자하는 경우에는 바로 871(d) Election이라고 하는 미국 세법을 적용해야 한다. 미국과 연관된 소득(Effectively Connected Income)이라는 사업 지위 및 부동산 수익에 대한 비용공제(Expense Deduction)를 승인받을 수 있다.

세금 보고서와 함께 임대소득에 대한 임대사업 비용 및 감가상각 등에 대한 사업 비용공제를 허가받고 총소득(Gross Income)이 아닌 과세소득(Taxable Income)에 대해서 세금 신고가 이루어질 수 있도록 하는 것이다.

871(d) Election은 한번 승인을 받게 되면 다음에 따로 철회(Revoke) 요청을 하지 않는 이상 매년 신고할 때마다 따로 보고해야 하는 것은 아니다. 임대소득에 대한 비용공제를 받을 수 있고 소득에서 비용이 제외되었으니 당연히 세금이 부과되는 과세소득을 낮출 수 있다.

예를 들어 임대소득을 10만 달러 벌고, 수리비, 아파트 관리비 등 5만 달러의 비용을 지출했다고 가정하자. 만약 871(d) Election을 하지 않은 경우는 10만 달러에 대한 30%, 즉 3만 달러가 세금이 된다. 왜냐하면 해당 사업소득은 미국과 연관된 소득으로 취급하지 않고 외국인이 벌어가는 불로소득(Passive Income)이라서 기준 원천세율인 30%를 소득세로 부과하기 때문이다.

그런데 만약 871(d) Election을 하는 경우에는 임대소득에 대한 비용공제가 된다. 또한 미국과 연관된 소득으로 취급이 되기 때문에 지출한 5만 달러와 감가상각까지도 적용이 가능해서 약 3만여 달러가 과세소득이 된다. 본인의 세율이 20%라고 가정하더라도 6천 달러가 과세가 되니 절세에 매우 도움이 된다.

모든 사람이 세법을 자세하게 다 아는 것은 아니기 때문에 당연히 몰라서 신고하지 않는 경우도 존재하기 마련이다. 이런 경우는 뒤늦게라도 신고하면 벌금과 이자는 부과될 수도 있지만 미국세청에서는 추가 제재 없이 그냥 넘어가는 경우가 많다.

그러나 만약 적발된 후에는 신고 여부와 상관없이 단순히 납세액에 대한 페널티와 이자 납부로만 끝나지 않는다. 더군다나 납세자가 고의로 세금 신고 및 납부를 누락했다는 판단이 되면, 민/형사적 책무를 받아야 하는 아주 머리 아픈 상황이 생기기도 한다.

그러니 미국에 부동산을 투자하는 경우 부동산세도 납부하게 될 것이고, 일반 소득세(Ordinary Income Tax)는 물론이고 판매를 하는 경우에는 양도세까지 부과된다.

특히 외국인이 판매 시에 앞서 말한 FIRPTA라는 원천징수 규정까지 있으니 어떤 방식으로든 해당 부동산에 대한 소득 발생에 대해서 과세 당국이 모르고 넘어가기란 매우 어려운 것이다.

그런데도 부동산을 소유하고 있는데 몇 년간 한 번도 소득세 신고를 하지 않았고 몰라서 못 했다는 것은 과세 당국 입장에서는 세법 위반에 대한 합리적인 사유로는 이해하기 어려운 일이고, 세무감사를 할 위험도 큰 상황이라고 보면 된다.

따라서 이러한 아이러니한 상황은 만들지 말고, 규정에 맞게 신고하고, 규정이라는 큰 틀의 합법적인 범위 안에서 절세계획을 세워 투자를 진행하는 것이 가장 현명한 방법이다.

세법을 알면 부동산이 쉽다

세법은 미국 부동산 투자의 치트키

실제로 살아 보니 성공도 중요하지만, 고요하게 평범하게 살아 가는 것이 가장 어렵다는 것을 너무나 느끼던 요즈음 공동 저자 요청이 왔다. 책을 쓰는 것이 하나의 인생 버킷 리스트였던 나로 서는 너무나 반가운 요청이었다.

부동산은 인간이 갖추어야 할 가장 기본적인 삼 요소인 의식주 중 '주거'에 해당하며, 한국 부동산 시장 너머 미국 부동산과 관 련된 세무회계 지식에 갈증이 있는 독자들의 수요가 늘어가고 있 으므로 더욱더 신중한 마음으로 책을 써 내려갔다. 가급적 어려 운 세법 용어를 쉽게 풀어 실제 사례를 위주로 미국 부동산 투자 시에 필요한 사안을 설명했다.

열심히 노력해서 모은 종잣돈을 어떻게 활용해서 더 많은 자산을 만들어 갈지를 고민할 재정 상황이 된다는 것은 매우 행복한 일이 아닐까? 그래서 개인의 소중한 시간을 투자해서 이 책을 읽고 계신 독자 여러분은 정말 행복한 사람이라고 생각한다.

나 자신도 인생을 살아가는 데 있어서 꼭 필요한 것이 성공이라고 생각했던 적이 있고, 나도 성공해야지 하는 마음으로 지금도 살아가고 있다. 그렇지만 그 일상의 목표를 향해 걸어가는 걸음을 잠시 멈추고, 미국 세무회계 지식에 관심이 있는 그 누군가에게 정보를 전달하는 지금, 이 순간도 아주 가치가 있는 순간이라 생각한다.

인생의 목표가 없거나 아무것도 계획하지 말라는 의미의 제자리걸음이 아니라, 제자리에서 걷더라도 목표에 도달하고 있고, 그 멈춤에 의미와 가치가 있다면 가는 도중에 제자리걸음을 하는 것 또한 필요하고 중요한 결정이라는 것이다.

그 의미 있는 멈춤 속에서 또 다른 의미 있는 일분일초가 모여진다면, 매우 의미 있는 제자리걸음이라고 느껴질 것이다. 이 책을 쓰고 있는 지금이 나에게는 독자들을 위한 멈춤이라고 생각하고 감사하다.

어쩌면 누군가는 부동산에 주거하기 위한 목적으로, 또 누군가는 투자의 목적으로 이 책을 보겠지만, 이 책을 읽는 모든 독자에게 뭔가 번뜩이는 아이디어를 주는 책이 되길 바란다. 내가 오늘 써 내려간 이 한 글자가 누군가에게는 중요한 변화의 한 걸음이 되기를 바라는 마음으로 이 장의 마침표를 찍어 본다.

4장

주택담보대출 모기지

김동용

(주)다부연 미국 부동산 연구소의 대표이자 NYD 해외자산운용의 공동대표이사이다. 전기공학과를 졸업하고 엔지니어로서 해외를 오가며 산업의 최전선에서 경험을 쌓았다. 또한 특수교육 석사 학위를 취득해서 특수교사로서 사명감을 가지고 장애학생들을 가르치며 사회적 약자를 돕는 많은 행사에 참여했다. 지금은 미국 부동산 투자 컨설턴트로서 부동산 건축에서 중요한 전기 기반시설에 대한 지식, 부동산에 대한 지식을 효과적으로 전달하기 위한 교육학적 지식을 충분히 활용하고 있다. 뉴욕경제문화포럼, 빅트리(VICTREE, 피해자통합지원사회적협동조합)의 멤버로 활동하고 있다.

초고금리 시대,
부동산 투자의 기로에 서서

치솟는 금리, 영끌족 어쩌나 …

   2019년 11월 중국 후베이성 우한시에서 처음 발생한 코로나19는 순식간에 그 세력을 키워 전 세계를 잠식시켰다. 세계보건기구(WHO)에서 팬데믹을 선언하고, 전 세계의 각국은 국가로 통하는 모든 문을 봉쇄시키며 전염병의 확산을 막기 위해 최선을 다했다.

   특히 코로나 감염이 급속도로 번지는 뉴욕 등 인구밀도가 매우 높은 대도시를 중심으로 셧다운 등이 실시되었다. 많은 기업이 현장 출근을 지양하며 직원들을 모두 재택근무로 전환했고, 사회적 거리두기를 실시해서 인원수 제한, 시간제한 등 모든 이들의 발을 꽁꽁 묶었다.

   이러한 조치는 돈의 흐름을 막아, 자영업자나 소상공인은 수입이 끊기고, 폐업하거나 파산할 수밖에 없는 지경에 이르렀다. 드디어 정부가 나서 자영업자 및 소상공인과 모든 국민들을 대상으로 재난지원금을 풀기 시작했다. 정말 오랜 기간 코로나19라는 어두운 터널을 정부의 지원금과 대출로 간신히 버텼다. 코로나19는 우리의 건강뿐만 아니라 마음마저 병들게 했다.

2022년도 들어서면서 코로나 확진자 증가는 여전했지만, 사회를 얼어붙게 했던 각종 제한을 완화하기 시작했다. 인원수 제한 해제, 시간제한 해제, 실외 마스크 착용이 전면 해제되었다. 국민들은 드디어 숨을 쉴 수가 있게 되었고(물리적으로나 심리적으로 모두), 사회의 대부분이 정상으로 돌아왔다.

하지만 또 다른 문제가 시작되고 있었다. 각종 제한으로 인해 큰 타격을 입은 자영업자와 소상공인들을 살리기 위해 정부에서 많은 돈을 풀었던 것들의 부작용이 나타나기 시작한 것이다.

한국소비자물가지수가 2020년 10월에 0.4%가 하락한 이후, 1년 10개월 내내 상승치를 이어오며 2022년 8월까지 역대 최고치를 계속 경신했다. 2022년 9월 소비자물가지수는 전년 같은 달 대비 8.4%가 오른 것으로 상추는 금추, 배추는 금배추 등으로 불리며 한국인의 식생활과 가장 밀접하게 연관되어있는 품목들의 가격이 고공행진했다.

이러한 현상은 비단 한국에만 국한된 것이 아니다. 특히 미국은 상상을 초월하는 돈을 국민들에게 지원금으로 나눠줬다. 아니 뿌렸다고 해도 과언이 아니다. 한국처럼 카드사를 통한 재난지원금 지급이 아니라 아예 현금을 통장으로 직접 쏴줬다. 한번이 아니라 여러 번에 걸쳐 계속 뿌렸다. 덕분에 돌아오는 후폭풍은 더 클수밖에.

미국은 30여 년 만에 찾아온 역대급 초인플레이션으로 부동산 가격이 급등했고(높아진 금리로 인해 조정 기간을 거치는 중), 월세도 동반 상승했다.

미국은 사람이 살아가기 위해 가장 기본적인 요소인 의식주에 관련해서는 매우 민감하게 대응한다. 특히 집값이 평균 40만 달러를 넘어가자 미국연방준비은행의 파월 의장이 직접 나서서 집값 안정을 위한 조치를 시행하겠다며 팔을 걷어붙였다.

이는 초인플레이션을 잡기 위한 금리상승으로 이어졌고, 빅스텝, 자이언트스텝이라는 이름으로 기준금리를 0.25%, 0.50%, 0.75%씩 순식간에 높여 나갔다. 연방공개시장위원회(FOMC)를 열어 3번 연속 자이언트 스텝(0.75%)을 실시했다. 코로나 직전 0%대였던 기준금리는 벌써 3%를 훌쩍 넘었다.

기축통화국인 미국이 금리를 올리기 시작하면, 세계의 달러가 미국으로 몰려들기 시작하기 때문에 각국에서도 금리를 올리지 않을 수 없다. 특히 한국은 중국과 더불어 미국과 가장 밀접하게 경제구조가 엮여있기 때문에, 그 영향을 직접적으로 받아내야만 한다. 금리는 환율에도 큰 영향을 미친다.

2022년 1월까지만 해도 1,080원이었던 원-달러 환율은 2022년 9월 1,400원을 돌파했다. 그리고 9월 30일 1445.00원으로 정점을

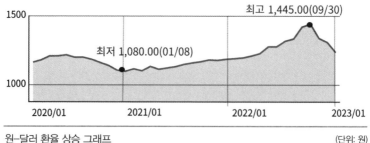

최고 1,445.00(09/30)

최저 1,080.00(01/08)

1500

1000

2020/01 2021/01 2022/01 2023/01

원-달러 환율 상승 그래프 (단위: 원)

찍은 원-달러 환율은 현재 1,200원대에서 잠시 주춤한 상태이다. 세계의 유력한 경제 전문가들은 1,800원, 최악의 경우 2,000원까지 원-달러 상승을 예고했다.

한국은행은 미국연방준비은행의 금리를 따라잡기 위해 계속 금리를 올리고 있지만, 뱁새가 황새를 따라가면 다리가 찢어진다는 말이 있듯이 0.75%씩 올리기는 벅찰 수밖에 없다. 아니, 이미 그 부작용이 나타나고 있기 때문이다.

전 세계 국가들 가운데 유일하게 한국 부동산 시장에만 있는 것이 있다. 바로 '전세'제도이다. 금리가 높았던 시기에는 집주인이 전세금을 받아 은행에 예금으로 묶어 놓기만 해도 받는 이자 수익이 굉장히 높았다. 하지만 최근 몇 년간 유지된 0% 금리 시대에 전세는 왠지 어울리지 않는다. 전세금을 은행에 넣어봤자 이자 수익이 별로 나지 않기 때문이다.

집주인들은 수익을 조금이라도 더 높이기 위해 전세금을 높이기 시작했고, 높아진 전세금을 활용해서 재투자하거나 사업을 하기 시작했다. 낮은 금리는 한국의 부동산 투자자들에게는 정말 좋은 기회가 되었다.

전세금이 높아지다 보니 사용할 수 있는 투자자금이 많아졌고, 대출금리가 낮아 레버리지를 활용해서 최대한 대출을 받았다. 전세금과 대출금을 합쳐 더 크고 다양한 부동산에 투자했고, 수많은 다주택자를 양성했다.

이렇게 부동산 투자에 성공해서 유명해진 유튜버나, 부동산 관련 책을 출간한 자들로부터 쏟아져 나오는 온갖 부동산 투자방법들은 이미 높아질 대로 높아져 버린 한국의 집값을 감당하지 못하는 2030 MZ세대들에게 구세주와 같은 존재가 되어갔다. 그들은 '영끌족'이라는 단어를 탄생시킬 만큼, '영'혼까지 '끌'어 모아 모든 대출을 다 받아서 부동산을 늘려갔다.

이런 영끌족들에 불어닥친 더 큰 문제는 이들이 받은 대출상품의 대부분이 변동금리 상품이라는 것에 있다. 기준금리가 급격하게 오르면서 이들이 갚아 나가야 할 대출 원리금도 함께 오른 것이다. 자신의 수입에 맞춰 갚아 나갈 수 있는 원리금을 계산하고, 최대한 영끌해서 투자하고 대출을 받았는데, 그 한계치를 훌쩍 넘어버렸다.

게다가 높은 금리와 더불어 정부의 정책으로 인해 부동산 시장이 얼어붙었고, 가격이 하락하기 시작했다. 영끌해서 산 부동산의 가격이 내려가기 시작한 것이다. 대출 원리금 감당하느라 정신이 없는데 집값도 내려간다. 미국연방준비은행을 따라 한국은행에서도 빅스텝 가능성이 커졌고, 곧 또다시 금리상승이 예정된

가운데 영끌족들의 시름은 깊어만 간다.

2008년 전 세계를 강타한 서브프라임 모기지 사태를 기억하는가? 미국의 대출 기관들은 유명브랜드의 신발만 보여줘도 대출을 쉽게 내줄 만큼 부실한 대출이 많았다. 당시 미국인들은 집을 담보로 대출받아 전 세계로 여행을 다녔다.

그리고 실투자금이 거의 없이 집을 구매해서 90% 이상의 부채가 쌓였다. 이 모든 것은 집값이 무조건 상승할 것이라는 그들의 잘못된 믿음 때문이었다. 부동산 시장은 그들의 믿음대로 흘러가지 않았고, 대출 원리금을 갚지 못하는 일이 점점 빈번해지기 시작했다.

그러자 어느 순간 한쪽에서 빚을 감당하지 못하고 쓰러지자, 도미노처럼 차례대로 모두 무너져 갔다. 당시에는 부동산의 전체 가격에서 자기자본보다 부채 비중이 훨씬 높았기 때문에 미련 없이 자기 집을 내던지고 대출의 무덤에서 빠져나왔다. 제대로 대출금을 회수하지 못한 금융기관들까지 무너져 갔고, 세계 금융위기를 초래하게 되었다.

한국 정부는 한국형 서브프라임 모기지 사태를 만들지 않기 위해 각종 대출 규제를 했다. 그런데도, 2022년 코로나19의 후폭풍으로 수많은 영끌족 대출자들이 쓰러질 위기에 처해있다. 의도하지는 않았지만 아니, 오히려 철저하게 방어했지만 결국 한국형 서브프라임 모기지 사태가 일어나지 말라는 법은 없다.

그동안 한국 부동산 시장은 전세라는 제도가 신분 상승의 발판

이 되기도 했고, 자산증식의 수단으로 활용되어왔다. 오랜 기간 초저금리 시대를 지나 다시 높아지는 금리에는 이 제도의 문제점이 드러나며 위기를 초래하고 있다.

영끌해서 부동산을 구매한 영끌족이 대출금을 감당하는 것도 문제이지만, 전세 만기가 돌아오며 발생하는 문제들도 심상치 않다. 전세금을 받아 다른 투자로 활용했던 집주인들은 집값이 낮아지며, 전세금도 낮춰야 했고, 남은 차익만큼의 전세금을 돌려주지 못하는 상황이 온 것이다.

이른바 역전세, 깡통전세들이 생겨나기 시작했다. 역시 한쪽이 무너지면 미국의 서브프라임 모기지 사태 때와 같이, 도미노처럼 연결된 모든 것들이 무너질 것이기 때문에 정부에서도 이를 우려해서 빚 탕감이라는 초강수를 내세웠다. 과연 영끌족과 정부, 그리고 한국이 이 어려움을 어떻게 극복해 나갈까?

고금리/고환율 상황에서
대출받아도 되나요?

앞서 이야기했듯이 코로나19는 전 세계 인류의 육체적인 건강 뿐만 아니라, 정신적인 건강도 빼앗아 갔다. 특히 한국은 고금리로 시작된 고환율로 인해 1990년대의 IMF나 국제금융위기급의 경제적 어려움이 닥칠 것이라고 예고하고 있다. 이런 상황에서 대출은 거의 불가능할 것으로 보인다.

미국은 어떨까? 미국은 기축통화국으로서 국가적 어려움이 닥칠 때면 달러를 더 찍어내 방어할 수가 있었다. 그로 인해 인플레이션 등의 문제가 발생하면 금리를 올리면 된다. 반면 미국 외의 다른 국가들은 미국이 달러를 찍어낼수록, 금리를 올릴수록 고전을 면치 못한다. 강대국, 기축통화국의 화폐를 보유하고 있어야 할 가장 큰 이유가 여기에 있다.

'고금리/고환율 상황에서 대출받아도 되나요?'라는 질문의 정답을 먼저 말하자면 '미국에서는 대출받아도 된다'이다. 특히 부

동산 투자를 계획 중인 투자자들에게는 더욱 가능하며 꼭 대출을
이용해야 한다고 강조하고 싶다.

그 이유로는 대출이자에 대한 공제를 들 수 있다. 앞서 미국은
사람이 살아가기 위한 요소인 의식주에 대해 매우 민감하다고 했
다. 특히 집에 대해서는 정말 확실히 민감하다. 살아가기 위한 터
전으로서 집을 구매한다고 하면, 융자금 75만 달러에 대한 이자
를 모두 소득에서 공제해준다.

예를 들어, 100만 달러짜리 집을 25만 달러를 자기자본으로 하
고, 75만 달러를 대출받아 구입했다고 가정하자. 만약 대출이자
가 5%라고 한다면, 75만 달러의 5%인 3만 7,500달러가 소득세에
서 공제가 되는 것이다. 원화로 약 5,250만 원(원-달러 환율 1,400원
적용)이나 된다.

실거주하기 위한 집을 구매하기 위해 대출을 받는다면, 개인이
지불해야 할 이자를 국가가 대신 내주며, 내 집 마련에 대한 부담
을 최소화해 주는 것이다. 이 얼마나 감사하고 합리적인 시스템
인가!

미국으로의 이민을 계획 중이라면, 렌트로 월세를 내가며 살기
보다는 집을 구매하는 것을 추천하는 이유이다. 금리가 5%, 10%,
그 이상으로 넘어가도 대출이자 걱정 없이 원금만 갚아나가면 되

기 때문이다.

실거주용 부동산 구매 시 대출받기 위해서는 대출기관의 통과 의례를 거쳐야 한다. 대출금을 상환할 능력이 있는지 검증해야 한다. 대출이자는 자신이 벌어들인 소득에 대한 소득세에서 공제가 이루어지기 때문에, 소득이 적은 사람은 해당 혜택을 받지 못할 수도 있다. 이 책을 읽고 있는 독자분들은 꼭 월천이(월에 1,000만 원 버는 사람), 억대연봉자들이 되어 이 혜택을 모두 누리기를 바란다.

임대용 부동산에 대한 대출이자 전액 공제

한국에서는 '부동산 투자자' 또는 '임대 사업자'라고 하면, 엄청나게 따가운 눈초리를 받아내야 한다. '부동산 투자 = 투기'라는 인식이 뿌리 깊게 박혀있기 때문이다. 이런 능동적인 투자자들 외에도, 단순히 한 집에 수십 년간 살았을 뿐인데, 살고 있던 집의 가격이 몇 배로 올라 본의 아니게 좋지 않은 시선을 느끼게 되는 수동적인 투자자도 있다.

한국의 부동산 시장을 신나게 두들기고 뒤흔들던, 문재인 대통령 재임 당시, 올라버린 집 가격만큼의 부동산 관련 세금을 내라고 하니, 이를 감당하지 못하게 된 노부부가 울분을 토하는 신문기사도 봤다. 한국에서 부동산 투자로 부자가 되었다고 하면 돌아오는 반응은 싸늘하다.

하지만 철저하게 자본주의 국가인 미국은 다르다. 미국은 정부의 정책이나 사회적인 분위기를 살펴보면, 사업하는 이들에게 엄청난 혜택을 주고 있다. 이것은 부동산 임대업자에게도 마찬가지이다. 오히려 정부가 나서서 부동산 관련 산업을 더욱 권장하고 발전시킨다. 앞서 실거주자에게 대출금액 75만 달러에 대한 이자를 소득세에서 공제해준다고 했다.

'임대 사업자에게는? 오히려 더 이자를 높게 받고 세금을 부과하는 게 아닌가'라고 생각할 수도 있겠지만, 아니다. 대출금액에 상관없이 모든 이자에 대해 공제를 해준다. 말이 안 된다고? 그 마음 충분히 이해한다. 나도 처음엔 그랬으니까.

금리가 점점 높아져 많은 고민하고 있는 한국의 의뢰인을 컨설팅할 때면, 이 부분에 대해 잘 설명해서 걱정하지 않도록 노력하고 있다. 한국의 지나친 부동산 때려잡기 정책으로 인해 억압과 핍박에 시달리며, 이미 이런 부동산 정책에 적응해버린 투자자들은 이 부분에 대해 이해하기 정말 어려워한다. 한국과 다른 미국의 정책을 먼저 이해하고, 그들의 문화를 받아들인다면 훨씬 수월한 과정이 될 것이다.

다시 한번 말하지만, 미국에서 부동산 임대사업을 하겠다고 결정했으면 금리가 아무리 올라도 전혀 걱정할 필요가 없다. 모든 이자를 소득에서 공제해주니 말이다. 미국 부동산 투자자는 이자 없이 대출받는 것이나 다름없다.

임대 사업자가 받을 수 있는 혜택은 이것이 전부가 아니다. 뒤에 다시 이야기하겠지만 임대 사업자는 신용점수도 없이 대출받을 수 있고, 오히려 더 낮은 이자율로 대출을 받을 수도 있다.

미국 임대료는 계속 상승 중

미국에 최악의 인플레이션이 닥쳤다며, 많은 언론사가 달려들어 자극적인 기사들을 써 내려가고 있다. 초인플레이션이라고 말만 들었지, 실제 미국 물가를 살펴본 적이 있는가? 한국에 사는 우리가 걱정해야 할 필요는 없다. 기본소득 대비 생필품의 가격은 아직 한국보다 훨씬 저렴하니 말이다.

계속 강조하지만, 미국은 '의식주'에 대해 정말 민감하다. 어쩌면 '주'보다 더 중요한 건 '식'이다. 먹는 일은 사람이 생물학적으로 살아있기 위해 필수적인 요소이기 때문에, 미국은 국민들이 굶어 죽는 일이 발생하지 않도록 정부가 나서서 조절한다. 미국 물가 걱정은 접어두고 집값만 생각하라.

미국의 물가 상승은 미국 부동산 임대사업을 꿈꾸는 우리에게 정말 좋은 소식이라고 받아들이면 된다. 왜냐하면 임대료가 함께 올라가기 때문이다. 이런 상황을 임대업자의 입장으로 생각해 보자. 이 얼마나 대박 기회인가.

게다가 환율도 1,440원을 넘은 상황에서 다달이 들어오는 달러를 한국으로 가져오면 1.44배로 뺑튀기된다. 환율 및 금리가 오르기 시작한 2022년 초에 미국 부동산을 구입한 사람이 진짜 부동산 투자 고수다. 주변에 그런 사람이 있다면, 나에게도 소개해 달라.

미국 임대료가 상승한다는 것은, 우리가 대출받으며 미국 부동산을 구매해도 그 임대료로 모두 감당이 된다는 것을 말하고 싶었다.

뉴욕 맨해튼에 사무실을 두고 있는 대출금융 전문회사 이지컨설팅(Eazzy Consulting) 제이 지 대표의 말에 의하면 실투자금 40% 정도면, 세금, 월세, 관리비, 보험 등 모든 지출 비용에 대출 원리금을 더한 금액이 모두 상쇄된다고 한다. 미국 부동산 투자자들은 고금리로 인해 대출에 대한 두려움을 가질 필요가 없는 것이다.

2022년 11월 미국 중간선거가 대출에 미치는 영향

미국 대통령의 임기는 4년, 하원의원은 2년, 상원의원은 6년이다. 대통령 임기 4년 중 중간 지점인 2년에 선거가 치러지기 때문에 중간선거라는 별명이 붙었다. 역대 기록을 살펴보면 여당이 중간선거에서 승리하는 경우가 과거 50번 중 딱 3번 있었다고 한다.

대공황이 있었던 1934년의 프랭클린 루스벨트 대통령, 경제 호황을 누렸던 1998년 빌 클린턴 대통령, 그리고 2002년 조지 부시 대통령이다. 역사적으로 봤을 때 전 세계적으로 가장 어려웠거나, 좋았던 시기에 여당이 중간선거에서 승리했다.

미국 여당은 이 중간선거에서 반드시 좋은 결과를 내서, 나라가 안정적으로 돌아가고 있다는 것을 보여줘야 한다. 그래서 조 바이든 대통령이 소속된 민주당이 공화당과 같은 정책 성향을 보이는 이유가 아마 중간선거인 것으로 예측한다.

따라서 경제적으로도 좋게 보일 필요가 있다. 현재는 인플레이션을 잡기 위해 고금리 정책을 펴고 있지만, 세계적인 기업들을 흡수하고 있는 미국으로 볼 때, 곧 안정을 되찾을 것이고 고금리 현상이 오래가지 않을 것으로 보인다.

또한 2024년에는 대선이 있기 때문에, 재선에 도전하는 도널드 트럼프와의 경쟁에서 조 바이든이 승리하기 위해서는 그 이전에 모든 상황이 안정되어야 할 것이다. 내년부터 금리와 물가가 안정을 찾을 것이라고 발표하는 전문가들이 많은 이유도 이 때문일 것으로 생각한다.

한국에서
미국의 외국인 대출받는 방법

이런저런 규제가 정말 많은 한국에서의 대출. 과연 미국에서는 어떨까? 미국으로 투자해야 하는 우리는 과연 미국의 대출시스템을 이용해서 큰 이익을 남길 수 있을까? 이번 장에서는 독자들을 위해 이지컨설팅의 대표이자, 미국 대출금융 전문가 제이 지 대표와의 인터뷰 및 자료 교환을 통해 확인한 내용을 풀어보겠다.

먼저 이지컨설팅에 대해 소개하자면, 미국 뉴욕 세계무역센터(WTC)에 본사를 두고 있는 금융컨설팅 회사로서, 비즈니스, 프로퍼티, 개인 파이낸스 관련 상품을 다루고 있다. 또한 미국 전역에 걸쳐 서비스가 가능하고, 수백 개의 네트워크를 통해 다양한 금융 솔루션을 보유하고 있다.

개인 대출 브로커나 대출기관과는 다르게, 수십 개의 대출기관들과 관계를 맺어, 고객들의 저마다 다른 상황과 시기에 따라 최적의 옵션을 제공한다. 또한 한국인 투자자들을 위해 미국에 가지 않고도 한국에서 대출받을 수 있도록 모든 절차가 준비되어 있다.

https://www.eazzyconsulting.com/ko

한국과 미국의 대출시스템 차이점

Q1▶ 미국과 한국은 대출시스템에서 어떤 차이가 있는가?

한국에는 다주택자는 물론, 투기지역인지에 따라 DSR, LTV, DTI[14] 등 다양한 용어를 적용해가며 정말 복잡한 대출 규제가 있다. 하지만 미국은 대출 규제가 전혀 없다. 간단하게 표로 살펴보자.

한국은 정부 차원에서 부동산 관련 대출에 대해 정말 많은 규제 정책을 내놓았다. 그것도 모자라 문재인 대통령 재임 당시 약 30회 이상 부동산 정책을 변경했다. 이 원고를 작성 당시 표와 같은 수치였지만, 책이 출판되었을 때쯤 또 바뀌어 있을 수도 있다.

미국 부동산 대출은 표에서 보는 바와 같은 수치들을 확인할 수 있지만, 이것은 정부에서 규제로 정해놓은 것이 아니다. 대출기관이 자신들의 이익에 따라 자연적으로 형성된 숫자이다.

심지어는 대출한도가 500만 달러 이상이다. 한화로는 약 70억 원(원-달러 환율 1,400원 적용)인데, 부동산 한두 개 사는 정도로는 무의미한 숫

---

14) 총부채원리금상환비율(DSR, Debt Service Ratio), 주택담보대출비율(LTV, Loan To Value ratio), 총부채상환비율(DTI, Debt to Income)

		한국 부동산 대출	미국 부동산 대출
다주택자 대출 규제	투기 지역	• 거주용 LTV 20~40% • 2주택자 이상 대출 불가능 • 15억 원 이상 주택 대출 불가능	• 다주택자 및 주택 금액에 따른 대출 규제 전혀 없음
	조정 대상 지역	• LTV 30~50% • 2주택자 이상 대출 불가능	
	비규제 지역	• LTV 60~70% • 2주택자 이상 LTV 60%	
생애 최초 주택 구매자		• 대출한도 6억 원 • LTV 80%	• 수입에 따라 자격이 된다면 최대 LTV 95%
대출기관		• 은행, 보험사 등 비교적 한정적인 옵션	• 메이저 은행 외에도 수백 개의 모기지 대출기관이 존재
기타			• 레버리지 투자 가능–투자용 모기지 최대 LTV 70% • 대출한도 500만 달러 이상 • 모기지 세금혜택

출처: 이지컨설팅

자이다. 실질적으로 무제한이라고 생각하면 된다.

한국에서 내 집 마련이라는 것은 보통 월급을 받으며 생활하는 직장인들에게는 평생의 숙제이다. 집값이 기본소득에 비해 매우 높을뿐더러, 지역에 따라 대출받을 수 있는 금액도 매우 제한적이기 때문이다. 하지만 미국에서는 최초 주택 구매자는 무려 95%까지 대출이 가능하다. 5억 원짜리 집을 2,500만 원만 있으면 구매할 수 있다.

아! 한국에는 전세라는 제도가 있어 이를 이용한다면 더 적은 실투자금으로 내 집 마련을 할 수 있겠구나. 하지만 전세금을 모두 돌려주기

전까지는 그 집에서 지낼 수 없지 않은가. 그 집이 바로 '그림의 떡' 같은 '그림의 집'이네.

이뿐만 아니라 미국에는 자본주의 국가답게 정말 많은 금융기관이 있다. 한국에서는 메이저 은행을 몇 군데를 제외하면, 예금을 맡기는 것조차 불안해서 잘 이용하지 않는다.

하지만 미국의 메이저 은행들은 모두 세계적인 금융기관들이고, 은행 외에도 대출 프로그램이 있는 대출기관들이 수백 개나 된다. 이런 수많은 대출기관과 잘 연결된 대출 브로커를 선임하는 것도 정말 중요한 작업 중의 하나인 것이다.

DCR이란?

Q2▶ 대출기관에서 확인하고 있는 DCR이 무엇인가?

DCR(Debt Coverage Ratio)은 부채감당률이라고 불리며, 부동산 투자 부문에서 부채의존도를 나타내는 재무비율 중 하나로, 이자보상비율과 유사하다. 상업용부동산의 대출을 신청할 때 적용되는 것으로, 순영업소득이 부채서비스액의 몇 배가 되는가를 나타내는 비율을 뜻하는데, 이 비율이 높을수록 유리하다.

즉, 매월 나가는 대출 원리금, 재산세, 주택 보험료 등의 금액이 매월 들어오는 월세 수입이나 기타소득의 합을 넘지 않아야 함을 의미한다. 미국의 대출기관은 주택감정평가를 통해 해당 부동산이 받을 수 있는 월세 수입을 측정 후, 그 금액이 매월 나가는 대출 관련 비용보다 클 때 대출을 승인한다.

$$DCR = \frac{순영업이익}{대출관련비용}$$

위와 같은 공식으로 표기할 수 있다.

예를 들어, 임대용 부동산이라고 가정하고, 순영업이익(월세 수입)이 2만 달러이고, 대출 관련 비용이 1.5만 달러라고 한다면,

$$\frac{20,000}{15,000} = DCR\ 1.33$$

DCR은 1.33이 되며, 이는 순영업이익이 대출 관련 비용을 지불하는 데 필요한 현금을 1.33배 더 만들어낸다는 의미로 대출 승인이 날 확률이 높다.

일반적으로 많은 대출기관에서 DCR 1.25~1.35 정도를 요구하고 있다. 대출을 받기 전 대출 승인 여부를 개인이 예측해 볼 수 있는 부분이기 때문에, 꼭 알고 넘어가도록 하자.

금리 종류는?

Q3▶ 미국에는 부동산 투자자에게 유리한 특별한 대출금리 종류가 있다고 하던데 어떤 것인가?

대출 금리의 종류는 크게 세 가지로 나눌 수 있다. 고정금리, 변동금리, 혼합금리이다. 먼저 고정금리 모기지(FRM, Fixed-Rate Mortgage)는

말 그대로 계약기간 동안 같은 이자율이 적용된다. 기준금리가 낮을 때는 고정금리로 계약해서, 만기가 될 때까지 낮은 이자를 유지할 수 있다면 가장 좋은 시나리오가 될 수 있다.

요즘같이 급격하게 기준금리가 오르는 시기에도 금리 변동이 없고, 계약기간 동안 같은 금리로 상환할 수 있기 때문에, 상환계획을 세우는 데 용이하다. 반면 금리가 하락기에는 금리 인하 효과가 없어 상대적으로 불리할 수 있다.

다음으로 변동금리 모기지(ARM, Adjustable-Rate Mortgage)는 기준금리에 따라 대출금리가 변한다. 대출 시작 시점에서는 이자가 고정금리보다 낮게 시작해서, 1개월 또는 3개월, 6개월마다 기준금리에 따라 대출금리가 변동되어 적용된다.

기준금리에 따라 대출금리가 변동되기 때문에, 금리 하락기에 고정금리보다 유리하다. 하지만 2022년도 하반기와 같이 금리가 급상승하는 시기에는 함께 높아지는 이자에 대한 부담이 증가한다.

마지막으로 혼합금리 모기지(Hybrid Mortgage)가 있다. 고정금리와 변동금리의 방식이 결합된 형태로, 고정금리로 시작해서 일정 기간이 지난 후, 변동금리로 전환되는 방식이다. 미국에서는 5/1 ARM, 7/1 ARM과 같이 표기하며, 이는 5년 또는 7년 동안 고정금리를 적용받다가 그 이후에는 변동금리로 전환된다는 의미이다.

한국에서 많이 사용하지 않는 방법인데, 미국에서는 이 방식을 많이 이용하며, 대출자의 대출 상환계획에 맞게 운용이 가능하다는 장점이 있다.

대출금리 종류

	특징	장점	단점
고정금리 (FRM)	계약기간 동안 동일한 이자율 적용	금리 상승기에 유리, 상환계획수립 유리	금리 하락기에 불리함
변동금리 (ARM)	기준금리에 따라 변동 이자율 적용	대출 초기 고정금리보다 낮은 이자율로 시작	금리 상승기에 이자에 대한 부담이 함께 증가
혼합금리 (Hybrid)	고정금리와 변동금리 방식을 결합	계약기간을 정해 대출자의 투자 계획에 따라 맞춤 운용이 가능	계약기간보다 더 오래 보유하고 싶다면, 금리 상승기에 대비해서 고정금리가 유리

이 책을 읽고 있는 여러분은 어떤 대출금리 방식이 가장 좋다고 생각하는가? 정답은 없다. 시기에 따라 조금 더 유리하고 불리한 방식이 있을 뿐이다. 또한 자신의 투자성향이나 투자 계획에 따라 달라진다. 시장의 흐름을 읽고, 전문가에게 조언을 구해 자신의 성향에 가장 맞는 방식을 선택하면 된다.

우리 미국 부동산 투자자들에게는 혼합금리가 가장 좋은 상품이라고 생각한다. 보통 혼합금리 상품의 경우 대출 시점에서 고정금리보다 낮게 시작하기 때문에, 처음 5년 또는 7년 동안은 보다 저렴한 금리로 대출금을 이용한다.

그러다가 고정금리 기간이 끝나면 재융자를 받거나 다른 부동산으로 갈아탄다. 보통 매입한 부동산을 수익을 내고 다시 되팔게 되는 시점이 5년 정도 되니 우리는 이것을 충분히 활용한다면, 최고의 대출 운용이 될 것이다. 한국에서는 많이 사용하지 않는 방법이라 생소하게 느껴질 수도 있으니 대출을 받기 전 꼭 다시 한번 확인해 보고 넘어가자.

Q4▶ 미국에서는 외국인도 정말 대출이 가능한가?

여러분들은 외국인 신분으로 미국에 투자하는 것이니, 무조건 투자용 주담보 대출상품을 이용해야 한다. 투자용 주담보 대출은 미국에 살고 있지 않고, 미국 국적이 아닌데 미국에 부동산을 사고 싶을 때 받을 수 있는 외국인 대출이다.

외국인 대출을 받을 때 대출기관이 꼭 살펴보는 가장 중요한 세 가지 가 있는데 바로 월세 수입, 로케이션(입지), 다운페이먼트(실투자금)이 다. 조건만 확실하다면 대출과 관련된 규제나 제한 없이 외국인도 대출 받을 수 있다.

미국은 전세가 없이 모두 월세로 이루어져 있다. 매달 받을 수 있는 월세를 예측해서 대출자가 대출 원리금을 감당할 수 있을지 판단한다. 또한 대출기관에서도 투자지역의 입지를 꼭 확인한다. 대출기관에서도 어쨌든 부동산 투자자에게 투자하는 입장이기 때문에, 향후 상승 가능 성이 없고, 투자 가치가 없다고 판단되는 지역은 대출을 잘 승인해주지 않는다.

대출기관에서는 대출자에게 실투자금을 최소 30%를 요구한다. 더 적 게는 25%까지 해주기도 하지만, 이는 대출기관이 위험부담을 갖고 시 작을 하는 것이기 때문에, 보통 30%로 정한다. 따라서 외국인도 70%, 최고 75%까지 대출을 받을 수 있는 것이다.

미국의 대출기관들도 우리 부동산 투자자와 같이 투자하는 하나의 개체라고 생각해 볼 때, 자신들에게 손해가 없고, 안전하다고 판단되면 거의 대출 승인을 해준다. 한국처럼 정부가 나서서 대출 규제 정책을 시행할 필요가 없는 것이다.

한국의 자산으로 미국에서 대출을?

Q5▶ 한국의 자산을 담보로 미국에서 대출받을 수 있나?

한국에 있는 법인이나 개인 자산을 이용해 미국에서 대출받을 수 있다. 한국에 본사가 있는 한국은행으로 간다면 가능하다. 우리은행, 신한은행, 하나은행, 국민은행, 기업은행 등이 있다. 이런 은행들의 한국 계좌가 있거나, 은행 거래 기록이 있으면, 한국에 있는 신용거래나 한국에 있는 자산 적용이 가능하다. 한국인들 중에 이 은행들의 계좌가 하나도 없는 사람은 거의 없을 것이다. 나는 위 다섯 은행의 계좌가 다 있다.

예를 들어, 한국 우리은행에서 꾸준한 거래가 있었고, 부동산이 하나 있다고 하자. 그러면 이 부동산을 담보로 미국 우리은행에서 대출이 가능한 것이다. 미국에서 신용거래가 한 번도 없었던 사람은 오히려 이 방법을 활용한다면 더 유리한 금리로 대출을 받을 수도 있다.

미국에 신용거래 기록이 없다?

Q6▶ 그렇다면 미국에서 신용거래 기록이 아예 없는 사람도 대출이 가능한 것인가?

한국에서 미국에 투자할 경우에는 신용정보가 없어도 대출이 가능하다. 신용은 확인하지 않는다. 대출 가능 여부는 위에서 얘기했던 월세 수입, 입지, 실투자금으로 위험부담이 적은지에 대해 대출기관에서 판단 후 대출해준다. 이 얼마나 합리적인 방법인가!

그렇다고 신용불량자에게도 대출을 막 해주는 건 절대 아니다. 최소한의 실투자금이나 담보로 잡을 수 있는 부동산이 한국에라도 있어야 하기 때문이다. 5억 원짜리 집을 산다고 하면, 1억 5,000만 원 실투자금을 넣고, 나머지는 모두 대출받으면 된다. 5억 원이면 맨해튼에도 등기칠 수 있다.

잔고증명은?

Q7▶ 어느 정도의 잔고증명이 필요한가?

위에서도 말했듯이 최소 25%인데, 30~35%까지는 준비해야 한다. 당연히 실투자금이 높을수록 더 낮은 금리로 대출이 가능하다. 그리고 현재 월세 추세로 봤을 때 40% 이상 실투자금이 들어갔을 때, 모든 비용을 다 제하고 내 손에 달러가 남는다. 손익분기점이 40% 정도의 실투자금이라고 생각하면 된다.

Q8▶ 미국 주식으로도 잔고증명이 가능한가?

미국 주식으로 잔고증명이 된다. 그리고 당연히 한국은행에 있는 예금으로도 잔고증명이 가능하다. 이는 대출자가 계약한 대로 실투자금을 낼 수 있는지 확인하는 것이기 때문에, 즉시 현금으로 전환할 수 있는 미국 주식으로도 잔고증명이 가능하다.

대출절차와 필요한 서류는?

Q9▶ 개인이 직접 대출기관을 찾는 것보다 이지컨설팅 같은 컨설팅회사를 통해 대출받는 이유가 무엇인가?

개인이 대출기관을 찾게 되면 한 번에 하나의 기관밖에 신청하지 못한다. 또한 개인이 직접 대출기관에 신청하게 되면 신용 조회기록이 남는다. 그렇게 되면 신용에 좋지 않은 영향을 미칠 수가 있고, 세 번 이상 신용 확인을 하게 되면 대출기관에서도 안 좋게 본다.

하지만 컨설팅회사를 이용하면 한 번의 신청을 통해 수백 개의 대출기관을 비교할 수가 있다. 신용 조회기록이 남지 않고, 여러 대출기관들을 직접 돌아다니며 쇼핑하는 수고를 덜 수 있다.

또한 컨설팅회사에는 15년부터 최대 20년까지의 많은 경험이 있는 전문가들이 배치되어 있어 투자자의 조건과 준비된 서류만 보면 어느 대출기관으로 가야 제일 유리한 이자율과 그에 적합한 절차를 진행할 수 있는지 바로 알 수가 있다.

컨설팅회사를 통해 대출받게 되면, 더욱 적은 노력과 시간, 비용으로 자신에게 최적화된 대출기관과 대출상품을 찾을 수 있고, 신용 조회기록에도 영향을 미치지 않기 때문에 꼭 전문가들을 활용하는 것을 추천한다.

Q10▶ 대출절차는 어떻게 되는가?

크게 사전승인, 대출신청, 대출승인, 클로징 확정, 클로징 단계로 진행된다. 사전승인(Pre-approval) 단계는 현재의 신용, 수입, 실투자금 등의 조건을 기준으로 모기지 금액, 이자율 등을 알아볼 수 있다.

이 사전승인 서류는 부동산 매도자에게 오퍼를 넣을 때 필요하며, 부동산 에이전트가 미리 요구하는 경우도 있기 때문에 대출받아 부동산을 구입하는 경우 꼭 필요하다. 심지어 사전승인서류가 없으면 집을 보여주는 것조차 꺼릴 수 있다. 부동산 에이전트나 매도자가 시간 낭비라고 생각할 수도 있기 때문이다.

한국에서는 임장을 가서 부동산을 여기저기 몇 군데 다녀보기도 하고, 집도 쉽게 보고 올 수 있지만, 미국에서는 절대 그렇지 않다. 한국에서의 부동산거래 문화를 모두 잊어버리고, 꼭 미국 문화에 맞게 그들의 절차대로 진행하자.

사전승인서류를 들고 집을 보러 가서, 마음에 드는 집을 찾으면 부동산 에이전트를 통해 제안을 하고, 매도자가 받아들이면, 정식적인 대출신청이 들어간다. 매도자와 매수자가 계약서에 사인을 하고, 계약금을 지불한다. 그리고 잔고증명, 신용증명, 소득증명, 개인 재무제표 등 서류를 제출하면 대출신청(Loan apply) 단계가 완료된다.

이 단계에서 대출금융 전문회사가 빛을 발하게 되는데, 만약 개인이 대출 신청을 했다가 대출기관에서 거절되면, 모든 단계를 처음부터 다시 시작해야 하고, 신용에도 영향을 미칠 수 있다. 그래서 경험이 있는 사람은 무조건 컨설팅회사나 모기지 브로커를 찾게 된다. 경험자들이

하는 이야기를 명심해서 노력과 시간, 비용을 아끼도록 하자.

그 다음에는 대출승인(Loan approval) 단계이다. 대출신청 후, 대출기관에서 자격요건을 심사해서 승인 여부를 결정한다. 여기 심사조건에서 입지, 월세수입, 부동산 세금 등을 확인하는 것이다. 이후 승인서류와 약정서를 받으면 본인의 대출 조건이 결정되고, 대출승인을 보장받는다.

각 대출기관에서 보는 심사 기준이 조금씩 다를 수 있는데 이런 자세한 심사 기준까지 잘 파악하고 있는 컨설팅회사를 통해 신청하면, 대출승인 거절 없이 대출받을 수 있다.

대출기관에서 모든 서류 확인과 절차가 완료되면 클로징 확정(Clear to Close) 단계가 된다. 일반적으로 3일 이후에 클로징 날짜를 정하며 마지막 단계인 클로징(Closing) 단계를 끝으로 대출 절차가 마무리된다. 이 순서들은 미국 부동산거래 절차의 단계와 맞물려 있으니 미국 부동산거래 절차 파트와 함께 확인하기를 바란다.

Q11▶ 대출기관에서 요구하는 서류는 무엇이 있나?

대출기관마다 조금씩 다를 수 있지만 보통 아래와 같은 서류를 기본적으로 필요로 한다.

- 자영업자: 최근 2년 동안의 소득 증빙 서류
- 최근 2년 치 소득세 신고서 및 납부확인서
- 한국 부동산을 소유하고 있다면, 등기부등본과 재산세 납세확인서
- 직장인: 월급명세서

- 은행 서류: 최근 2년간 입출금내역, 은행과의 관계를 증명하는 서류를 은행에서 받아 제출
- 공과금고지서 또는 대출자의 주소가 들어간 서류(주거지 확인용)
- 여권이나 비자(미국 비자가 있는 경우)
- 미국 은행계좌: 대출기관에서 대출금을 자동으로 이체하기 위해 필요
- 국제신용보고서
- 씨티은행, HSBC은행 등 국제은행에 계좌가 있고 은행 거래를 해왔으면, 소득을 증명하기 더 쉬워 대출받기 유리함

Q12▶ 2022년도 들어와 기준금리가 급격하게 오르고 있다. 현재 모기지 금리는 어느 정도이고, 향후 6개월 금리 변동 추이를 어떻게 전망하는가?

현재 금리가 상당히 높으며, 미국연방준비은행에서 4번 연속 자이언트스텝을 진행함으로써 2022년 12월에 기준금리는 4.50%까지 상승했다. 이후 금리가 이보다 더 높아져 2023년에는 5%의 금리를 유지할 것으로 보고 있다. 미국연방준비은행의 파월 의장은 인플레이션을 2%대로 낮출 때까지 금리 인하를 고려하지 않고 있다고 발표했다. 따라서 금리가 더 높아지지는 않더라도 5%대의 금리가 계속 이어질 것으로 예상된다.

반면에 한국의 경우 여러 가지 이유로 이에 대한 대응을 적극적으로 하지 못해 2022년 12월 기준금리는 3.25%였고, 미국과의 금리 격차는 무려 1.25%이다. 한국은행의 대응에 따라 격차는 더 벌어질 수도 있다.

이는 원-달러 환율에 부정적인 영향을 미칠 수도 있기 때문에 이제는 미국의 금리보다는 한국의 금리 변화에 더 집중해야 한다.

따라서 미국 부동산 투자를 계획 중인 투자자는 부동산 및 대출 쇼핑을 하고 서류를 준비하는 작업을 지금 시작해야 한다. 금리와 환율이 여러분들이 목표로 정한 적정기준으로 낮아졌을 때 바로 들어갈 수 있도록 일정을 잡으면 적절한 타이밍이 될 것이다.

Prime rate(프라임레이트)

	이번 주	1개월 전	1년 전
월스트리트 저널 우대금리 (WSJ Prime Rate)	5.50	4.75	3.25
연방기금 금리(Fed Funds Rate)	2.50	1.75	0.25
1년 국채금리 (One-Year Constant Maturity Treasury)	3.02	2.65	0.08

(2022년 8월 11일 기준)

임대용 부동산 대출금리

대출상품	Invest rate
30년 고정금리(30 FRM)	6.750
15년 고정금리(15 FRM)	6.125
10/1 혼합금리	6.250
5/1 혼합금리	5.875

(2022년 8월 11일 기준)

Q13▶ 최근 사례를 소개해 줄 수 있나?

2022년 5월 17일에 클로징한 사례를 소개하겠다.

📝 외국인 융자 사례(Foreign Mortgage Cases) ─────────

- 2022년 5월 17일 클로징
- 조지아주, 다큘라(Dacula)
- Single Family House / 4bd(침실 4개),
  3ba(욕실 3개) / 2,712sqft**15)**
- 475,000달러
- 7%, 30년 고정
- 특이사항
  - 한국인 신분으로 미국 내 신분/비자 없음
  - 부동산 거래 중 미국 방문하지 않음
  - POA로 진행
  - 전에 다른 매물 진행 중 Permit 문제로 대출이 나오지 않음

출처: 이지컨설팅

조지아주의 다큘라(Dacula)라는 지역에 한국에 거주하는 투자자가 클로징했다. 방 4개, 욕실 3개, 면적 2,712sqft²(약 76평)의 단독주택으로 47만 5천 달러에 거래되었다. 30년 고정금리로 7%의 이자율을 받았는데 그때는 이자가 더 높았다. 그런데도 투자자는 굉장히 만족해했다. 한국인 신분으로 비자가 없고, 미국에 방문하지 않고 모든 과정을 진행할

---

15) 미국에서 사용하는 면적 단위

수 있었기 때문이다.

표준위임장(POA)으로 진행했다고 되어 있는데, 변호사를 통해 다른 사람에게 위임권한을 주어 대리로 사인을 할 수 있도록 한다. 미국 변호사와 부동산 에이전트를 통해 미국 현지에 가지 않고 한국에서 모든 것을 완료할 수 있다.

이 사례의 투자자는 거래 진행 중 해당 부동산의 허가 문제로 대출이 나오지 않아 다른 매물을 다시 알아보게 된 경우이다. 집의 조건이 너무 좋고, 투자자가 모든 준비가 다 되어 있어도 집 자체에 문제가 있는 경우에는 대출이 나오지 않을 수 있다. 그래서 한국의 건축물대장과 비슷한 개념의 점유확인서(C.O)를 꼭 확인해야 한다.

해당 부동산에 관공서에 보고하지 않고 불법으로 증축했다거나, 차고 면적을 더 넓히는 등 허가를 받지 않고 집의 구조변경을 하게 되면, 후에 감정평가 시 드러나게 되어 거래 진행이 막힐 수 있다. 한국에서처럼 불법으로 옥탑방이나 반지하를 만들게 되면 나중에 더 큰 손실이 있을 수 있으니 꼭 확인 후 진행하도록 하자.

Q14▶ 위 사례에서 투자자는 신용도가 높았나?

신용정보가 없었다. 한국에 거주하던 분이라 미국에는 신용거래가 없었지만, 외국인 모기지 대출상품으로 진행했다. 신용과 관련된 평가가 필요하지 않고, 앞서 이야기했던 실투자금과, 월세수익, 입지 등을 조건으로 해서 대출 승인이 나오게 되었다.

Q15▶ 미국에서 HELOC이라는 시스템으로 더욱 다양한 투자 계획을 세우던데 이것이 무엇인가?

HELOC(Home Equity Line Of Credit)은 내가 가진 부동산의 순수자기자본을 담보로, 마이너스 통장처럼 대출받을 수 있는 주택담보 신용대출 정도로 생각하면 된다. 순수자기자본의 최대 80%까지 대출받을 수 있는데, 이 돈은 생활비로 사용해도 되고, 다른 부동산을 구매하는 데 사용해도 되고, 어디에 사용해도 상관없다. 대출금에 대한 이자만 잘 납입하면 된다.

예를 들어, 현재 가치 10억 원짜리 집의 대출을 제외한 순수자기자본이 8억 원이라고 했을 때, 순수자기자본 8억 원의 80%, 즉 6억 4,000만 원까지 대출받을 수 있는 것이다. 이 금액 한도 내에서 자유롭게 대출 및 상환이 가능하다. 미국에는 이를 활용한 다양한 투자방법들이 존재하며, 그래서 미국 부동산에 관한 공부가 필요한 것이다.

Q16▶ 그렇다면 주택을 취득하고 얼마나 지난 후부터 HELOC이 가능한가?

6개월 후부터 가능하다. 단, 1년 이내에 HELOC을 받을 경우, 취득가액을 기준으로 하지만 1년 이후에는 현재 시세를 기준으로 받을 수 있기 때문에, 금리와 부동산 시세 등을 잘 파악해서 타이밍을 맞춰 투자전략을 세우기를 바란다.

Q17▶ 이 외에 HELOC에 대해 꼭 알고 있어야 하는 내용이 있는가?

일반 모기지보다 HELOC의 이자율이 더 낮다. 부동산의 순수자기자본을 기준으로 대출받아 자유롭게 상환할 수 있는 시스템이기 때문에, 주택을 통째로 담보로 잡는 일반 모기지보다 더 낮은 금리로 대출을 받을 수 있다. 단, 변동금리이다. 기준금리가 높아지게 되면 HELOC 이자도 높아지니 이 점을 꼭 확인해야 한다.

일반 모기지와 또 다른 점은, 모기지는 원리금을 함께 상환해야 하지만, HELOC은 이자만 내면 된다. 계약에 따라 처음 10년 혹은 15년 동안은 이자만 내다가, 그 이후에 원리금을 함께 내면 된다.

마지막으로 실거주자는 모기지 이자의 75만 달러, 임대용은 모든 이자가 소득세에서 공제가 된다고 했다. 하지만 HELOC의 이자는 공제가 되지 않으니, 이 점을 잘 기억해서 절세계획을 세우기를 바란다.

시장을 선점할 수 있는
최적의 타이밍

2022년 하반기, 금리상승이라는 폭풍이 몰아치며, 한국은 물론 미국 부동산 시장의 불씨를 잠재웠다. 일부 투자자들은 오히려 이자 부담이라는 눈덩이를 맞아 급격하게 얼어붙었다.

매스컴에서는 세계의 경제지표나 기관들의 발표를 인용해서, 연일 부동산 폭락이라는 자극적인 기사만 쏟아내고 있다. 또한 한국 정부는 갖가지 세금으로 부동산 투자자의 자산증식을 적극적으로 방해한다. 이 세상 어디에도 우리 부동산 투자자의 편은 없는 것 같다.

하지만 어둠은 빛을 절대 이길 수 없다. 환한 방안에 아무리 까마득한 어둠이 있어도, 빛을 모두 덮을 수가 없다. 하지만 칠흑같이 어두운 방 안에 아주 작은 빛이라도 있다면 어둠은 그 빛을 절

대 이길 수 없다. 우리는 2022년 11월 미국 중간선거, 2024년 미국 대선에서 빛을 보았다.

미국 정부는 급격한 금리 인상으로 인해 부동산 시장이 망가진다면, 인플레이션으로 물가가 아무리 올라도, 다시 돈을 풀어 부동산을 보호할 것이라고 약속했다. 미국에서는 2008년 서브프라임 모기지 사태로 주택시장이 붕괴했고, 전 세계 금융위기를 불러온 그 일의 재현을 막을 것이다.

우리 또한 준비해야 한다. 미국의 다양한 대출시스템과 세금혜택을 100% 이상 누리고 활용할 수 있을지 공부하고 연구해야 한다. 미국 정부의 약속은 준비된 자들만이 누릴 수 있다. 한국 부동산 시장의 다양한 규제와 세금에 경험이 많은 우리 부동산 투자자들은, 유전적으로 명석한 두뇌와 성실함, 학구열, 경험, 배우고자 하는 의지의 시너지 효과로 미국 부동산 시장에서도 분명 주도권을 잡을 수 있을 것이다.

5장

이민법

한지혜

미국 유학파 출신으로 미국 명문 버지니아 주립대학(University of Virginia)에서 심리학을 전공하고 뉴욕주에 위치한 호프스트라 법학전문대학원(Hofstra University School of Law)을 졸업했다. 뉴욕주 변호사로서 현재 법무법인 온조 미국 이민법 담당 변호사이다. 뉴욕에 있을 당시 한인들을 위한 미국 이민법 자문뿐만 아니라 실생활과 많이 밀접한 미국 민사법, 부동산법, 기업법 등 실무를 도맡았다. 덕분에 한국에서 미국 이민변호사로 현재 활동하면서 의뢰인들의 다양한 니즈를 파악하고, 직접 소통하며, 철저하게 미국 비자를 준비할 수 있도록 도와드리고 있다.

* FAM(Foreign Affairs Manual, 미 국무부에서 정한 외교 관련 정책을 모은 자료), INA(Immigration and Nationality Act, 연방 이민 및 국적법), CFR(Code of Federal Regulations, 미 연방 법령)의 내용을 참조했습니다.

미국 비자란 무엇인가?

여권 유효기간부터 확인하자

외국인이 미국 입국을 하기 전에 입국허가 신청을 해서 발급받
은 확인증을 말한다(아래 사진 참고). 최종 입국허가는 입국심사대

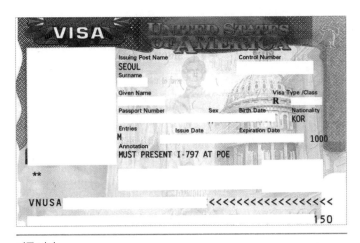

미국 비자

에서 비자 타입에 따른 자격요건에 따라 결정된다.

다시 말해 비자를 발급받더라도 입국심사관의 재량과 판단에 따라 미국에 도착해서 입국이 거절될 수 있다.

미국 비자는 예상 체류 기간보다 최소 6개월 이상 기간이 남아 있는 유효한 여권으로 신청해야 발급된다. 대한민국의 경우, 예상 미국 체류 기간까지만 유효한 여권이어도 비자 발급이 가능하다.[16]

📝 비자 신청 전에 여권 유효기간 확인하기 ─────────

비자 신청 전에 여권 유효기간을 확인해서 남은 기간이 6개월 미만일 경우 새로 발급받아야 한다. 만 18세 이상 기존 전자여권 발급자는 온라인 정부24에서 쉽게 재발급 신청할 수 있다.

https://www.gov.kr/portal/service/serviceInfo/126200000030

수수료와 여권용 사진 파일, 본인 인증이 필요하다. 근무일 기준 5일 정도 소요되며 본인이 직접 창구에서 수령해야 한다. 그러므로 비자 신청 전에 여권을 미리 재발급 받아두는 것이 좋다.

만약 만료된 여권에 아직 유효한 미국 비자를 가지고 있다면 앞으로 미국 입국할 때마다 새로 발급받은 여권과 만료된 여권에 부착된 미국 비자 둘 다 지참해야 한다. 비자와 체류 자격 또는 체류 허용 기간을 혼동하면 안 된다. 앞서 언급한 대로 비자를 발

---

16) 9 FAM 403.9-3(B).

급받았더라도 입국심사대에서 최종적으로 결격 사유로 입국허가가 나지 않을 수도 있다.[17]

즉, 여권에 부착된 비자의 유효기간은 단지 입국심사를 받을 수 있는 기간을 말한다. 입국심사관의 재량으로 1년 비자 유효기간 남은 사람에게 1달만 체류 허용 기간이 주어질 수도 있고, 반대로 1달 비자 유효기간 남은 사람에게 1년 체류 허용 기간이 주어질 수도 있다.[18]

17) 9 FAM 403.9-4.
18) 9 FAM 403.9-4.

미국 비자는 왜 받기 어려운가?

기준이 엄격한 비이민 비자

　전 세계의 이민자 중 5분의 1이 사는 미국은 이민자의 나라라고 불릴 만큼 매년 미국 입국을 희망하는 이민자들이 넘쳐난다.[19] 이러한 미국은 이민법 집행에 있어 국가 안보와 시민들의 안전을 최우선시해서 외국인들에게 적용되는 이민 정책과 규제가 복잡하고 까다로울 수밖에 없다.

　2001년 9월 11일 테러 사건 이후, 이민 규제와 집행이 더욱 강화되었고, 이민 관련 행정기관인 국토안보부(Department of Homeland Security)에서 이민국(USCIS)과 세관국경보호국(CBP) 등 새로운 산하기관을 개설해서 관리, 감독, 감시하는 역할이 강화

---

19) Budiman, Abby, ⟨Key Findings About U.S. Immigrants⟩, PEW Research Center, 2020.8.20, https://www.pewresearch.org/fact-tank/2020/08/20/key-findings-about-u-s-immigrants/.

되었다.

전 세계 미국 대사관 비자 발급 통계자료에 따르면 2001년도와 비교해서 2002년도, 2003년도에 비자 발급 숫자가 확연하게 줄어든 것을 확인할 수 있다.[20]

	2001년	2002년	2003년
이민 비자	406,080건	389,157건	364,768건
비이민 비자	7,588,778건	5,769,437건	4,881,634건

좀 더 최근 통계를 가지고 대사관 비자 발급 경향을 알아보자. 일단 가장 최근 4년간 전 세계 미국 대사관 비자 발급 숫자는 얼마나 될까?[21]

	2018년	2019년	2020년	2021년
이민 비자	533,557건	462,422건	240,526건	285,069건
비이민 비자	9,028,026건	8,742,068건	4,013,210건	2,792,083건

코로나로 인해 급감하긴 했지만 2018, 2019년 수치를 보면 비이민 비자 같은 경우 20년 전보다 2배 증가한 것을 볼 수 있다. 하지만, 미국 입국 불허 사유로 인해 대사관에서 비자를 거절하

[20] Table I. Immigrant and Nonimmigrant Visa Issued at Foreign Service Posts Fiscal Years 1999–2003.

[21] Table I. Immigrant and Nonimmigrant Visa Issued at Foreign Service Posts Fiscal Years 2017–2021.

는 숫자는 얼마나 될까?[22]

	2018년	2019년	2020년
이민 비자(거절 만회)	323,360건 (202,232건)	298,017건 (177,902건)	170,399건 (153,713건)
비이민 비자(거절 만회)	3,639,857건 (775,205건)	3,742,047건 (830,177건)	1,699,630건 (400,547건)

　대사관에서 미국 비자를 신청한 총 숫자를 모른 채 위 통계만 가지고 거절률은 정확히 알 수 없다. 하지만 분명한 건 비이민 비자는 미국 입국 불허 사유로 인해 한 번 거절을 받으면 이민 비자보다 만회할 기회가 적다는 것이다.

　비이민 비자 발급에 있어 영사의 재량과 기준이 엄격해지며, 상당히 제한적이라는 것을 알 수 있다. 미국 비자는 비이민 비자와 이민 비자로 나뉘는데 허용되는 체류 기간과 목적에 따라 비자 종류를 구분해 놓았다.[23]

　이민 비자는 소위 말하는 그린카드 또는 영주권으로 장기적으로 체류할 목적으로 발급받는다. 반면, 비이민 비자는 단기 체류 비자로 특정 기간 INA 101(a)(15)에서 허용하는 활동으로 사용이 제한되어있다.

---

22) https://travel.state.gov/content/travel/en/legal/visa-law0/visa-statistics.html.
23) FAM 401.1-3(A).

INA 101(a)(15) 비자의 목적

- **INA 101(a)(15)(B):** B1/B2 관광 상용 비자(180일 미만 단기 여행 및 비즈니스 출장 목적)

- **INA 101(a)(15)(C):** 경유 (transit) 비자(무비자 ESTA가 발급 가능한 국가는 C 비자 필요 없음)

- **INA 101(a)(15)(D):** 선원(Crew) 비자

- **INA 101(a)(15)(E):** 상사 주재원(E-1), 투자자 비자 (E-2)

- **INA 101(a)(15)(F):** 학생 비자

- **IINA 101(a)(15)(H):** 단기 취업 비자(학사 학위 이상 소지자는 주로 H1B 취업 비자)

- **INA 101(a)(15)(J):** 단기 연수(교환학생, 인턴쉽, 교수, 연구원, 여름캠프 지도자 등 1~1년 6개월 프로그램 참여 가능)

- **INA 101(a)(15)(K):** 약혼자 비자

- **INA 101(a)(15)(L):** 주재원 비자

- **INA 101(a)(15)(M):** 직업 교육(non-academic or vocational study or training) 학생 비자

- **INA 101(a)(15)(O):** 예체능 비자(과학, 예술, 교육, 비즈니스, 예체능, 또는 영화, TV 프로그램 종사자)

- **IINA 101(a)(15)(P):** 예술가, 연예인(공연, 운동 대회 참가, 연예인 프로그램 참석 등)

- **INA 101(a)(15)(R):** 종교인 비자

신청자의 체류 기간이나 활동 내용 또는 목적이 해당 비이민 비자에 부합하지 않다고 판단되었을 때 비자가 거절될 수 있다. 또한, 비이민 비자의 경우 한국으로 반드시 돌아온다는 의도와 함께 미국으로의 이민 의도가 전혀 없음을 증명해야 하는데 이는 전적으로 영사의 재량으로 판단된다.

예를 들어, 최초 비자 발급 시 한국으로 돌아올 기반(한국 내 직장, 가족, 자산 등)을 충분히 보여주었는데도, 전 미국 불법 체류 기록이라든가 무비자 전자여행허가(ESTA, Electronic System of Travel Authorization)[24]로 90일 채워서 거주한 기록 등으로 인해 이민 의도에 대한 의심을 불러일으켜 비이민 비자가 거절되는 경우가 있다.

📋 거절 이력으로 인한 미국 입국 불가 ─────────────────

주한 미 대사관에서 비자를 신청할 때 제출하는 신청서 DS-160 또는 DS-2600이 있다. 신청서 질문 중에 "Have you ever been refused a U.S. Visa, been refused admission to the United States, or withdrawn your application for admission at the port of entry?(당신은 미국 비자를 거부당하거나, 미국 입국을 거부당하거나, 입국항에서 입국 신청을 철회한 적이 있습니까?)"가 있다. 미국 비자 거절, 입국 거절, 대사관 추가 조사(AP, administrative processing), 입국심사대에서 비자 신청 철회 경험이 한 번이라도 있는 경우, 미국 비자를 신청할 때마다 이 질문이 꼬리표처럼 따라다니게 될 것이다.

거절 이력에도 불구하고 운 좋게 비자를 발급받을 수도 있지만 그렇지 못한 경우가 많다. 반드시 이 부분은 전문가와 충분한 상의 후에 진행하는 것이 현명하다.

---

24) ESTA는 2008년 11월 17일 이후 한국이 미국의 비자면제프로그램에 가입함으로써 더 이상 주 한 미 대사관에서 비자를 발급 받지 않고 무비자인 ESTA (전자여행허가)로 미국 방문을 할 수 있게 되었다. https://www.0404.go.kr/consulate/esta.jsp

이처럼 외국인에게 불리할 수밖에 없는 이민 규제와 집행으로 비자 발급이 생각보다 쉽지 않다. 게다가 한 번의 거절 이력으로 인한 영향은 상상할 수 없을 정도로 불편하고, 답답하다.

📋 최근 비즈니스/여행 목적으로 입국 거절 사례 ─────────────

바이든 정부 출범 이후 "바이 아메리칸(Buy American)"[25] 그리고 "리쇼어링(reshoring)"[26] 정책을 펼치면서 국내 미국 진출 기업들은 미국 내 생산 수요를 맞추는 상황에서 미국 출장과 파견이 잦아들고 있다. 긴박하게 돌아가는 업무 상황 속에서 무비자 ESTA로 최대 체류 기간인 90일을 채우고 한국으로 돌아오자마자 바로 출국하시는 경우가 있다. 이러한 입국자들이 운이 좋으면 한 번은 통과가 되지만 상당수가 미국 공항에서 입국이 거절되어 한국으로 돌아오게 된다.

이때 입국심사대 심사관으로부터 심문당하면서 내뱉은 모든 발언이 기록에 남기도 한다. 이미 입국심사대를 통과한 동행자들까지 언급이 되면 그 사람들도 모두 입국이 취소되는 위험성까지 존재한다. 그러므로 모르는 질문에 답변하지 않는 것이 좋고, 취업과 같이 의심을 살 만한 비즈니스 출장 목적을 말하기보다는 이민 의도가 전혀 없는 관광/여행 목적을 밝히는 게 나을 수도 있다.

---

25) 미국 정부의 자국 물자 우선 구매정책. 'Buy American'이란 표현은 1933년 대공황 때 미국 대통령 허벌트 후버 정부의 미국산 제품만을 쓰도록 했던 'BAA법(Buy American Act)'에서 유래했다.

26) 기업이 해외로 진출했다가 다시 본국으로 돌아오는 것을 말한다. 이는 고비용의 문제를 해결하기 위해 인건비가 비교적 저렴한 국가로 생산시설을 옮겼다가, 해당 국가에서도 임금 상승 등으로 인한 비용 문제에 직면하면서 다시 본국으로 이전하는 것이다.

미국 체류 목적에 따른 비자의 종류

미국 비자는 크게 비이민 비자와 이민 비자로 나뉜다.

비이민 비자

비이민 비자는 허용되는 체류 기간과 체류 목적이 제한적이지만 수속 기간이 이민 비자보다 상대적으로 짧다. 나라별 대사관 인터뷰 예약 사정에 따라 다르겠지만 주한 미 대사관은 코로나로 잠정 중단했던 업무를 2020년 8월에 재개한 뒤로 점차 정상화되어 가는 중이다.

2022년 6월, 주한 미 대사관에서 가장 많이 발급한 비이민 비자 Top 6는 무엇일까?[27]

---

27) Nonimmigrant Visa Issuances by Post June 2022 (FY2022).

B1/B2	F1/F2	J1/J2	H1B	E2	L1/L2
705	3,096/383	919/505	273	200	189/314

Top 6 비이민 비자에 대해 간단히 비자 목적과 특별사항에 대해 알아보자.

B1/B2 비즈니스/관광 비자

비자가 승인되면 10년짜리 비자가 나온다. 그렇다고 한 번에 10년 동안 머무르면 절대 안 된다. B1/B2 비자로 미국 방문 시 최대 체류 허용 기간은 6개월(180일)이다. 출장, 관광, 의료, 친지 방문 등 6개월 이내 일시적인 체류 목적과 계획이 확실해야 한다.

대한민국은 무비자 또는 ESTA로 미국 입국 방문이 가능한 나라이다. 하지만, 미국 입국 불허 사유가 있는 사람은 ESTA 신청이 불가하거나 거절되기 때문에 불가피하게 B1/B2 비자를 신청해야 할 경우가 생긴다. 또한, 잦은 미국 출장으로 ESTA 입국이 거절되어 귀국하는 사람들도 그러하다.

손쉬운 온라인 ESTA 발급으로 외국인에게 미국 여행 편의를 봐주는 대신에 B1/B2 비자 발급은 오히려 까다로워졌다. B1/B2 비자를 단순한 비즈니스/관광비자로 생각하고 무작정 신청해서는 안 된다. 한 번의 거절 이력이 다음번 비자 받을 때 극복하기 어렵다는 점을 꼭 명심해야 한다.

B1/B2 비자로 미국 방문할 수 있는 의외의 체류 목적[28]

1. **단기 학업/연수 과정:** I20 발급이 필요 없는 해당 프로그램을 학교에 문의

2. **원래 보수를 받지 않는 아마추어 연예인과 스포츠 선수:** 오디션 참가자 또는 자선공연 참가자 등

3. **미국 시민권자 또는 영주권자 약혼자:** K1에 해당하는 사람으로 미국에서 결혼하자마자 본국으로 귀국하는 경우 종종 B2 비자 신청

4. **프로 스포츠 선수:** 골프선수, 카레이서 등 대회 상금 외에 미국에서 보수를 받지 않는 선수

5. **예비 미국 투자자:** B1/B2 비자로 미국 입국해서 신분 조정을 통해 영주권을 취득하려는 의심을 받을 수 있어서 이를 증명하는 게 쉽지 않음.

6. **상업용 또는 산업인력 직원:** 한국에서 제조한 기계를 미국 기업에 판매함으로써 계약서에 따라 설치 또는 유지/보수 서비스를 제공하기 위해 일시적으로 국내 기업 직원 파견할 수 있음. 미국에서 보수를 받지 않아야 함.

7. **무보수 인턴십:** 의료, 비즈니스, 또는 전문직업 활동

8. **미성년 자녀 동반:** F1 학생 신분, 시민권자인 미성년 자녀가 미국에서 학업 등으로 체류하는 경우 동반하는 부모님, 조부모님, 친인척(주민등록등본상 1세대인 같은 주소에 거주 중이어야 함)

위 리스트에 해당하는 체류 목적 외에 위와 유사한 목적이 있을 수도 있으나, 비자 발급 여부에 관한 판단은 최종적으로 심사하는 영사의 재량에 달려있다.

---

28) 9 FAM 402.2.

F1 학생비자/F2 동반비자

미국 국토안보부에서 주관하는 학생 및 교환 방문자 프로그램 (SEVP, Student and Exchange Visitor Program)으로 인가받은 미국 학교에서 발급한 I20 입학허가증으로 F1 학생비자를 신청할 수 있다. I20만 있다고 비자가 무조건 승인 나는 것은 아니다. 학교에 다니는 동안 필요한 충분한 재정이 마련되어 있음을 증명해야 한다.

그리고 노동허가증을 받지 않는 한 취업을 할 수 없다. 보수를 받지 않는 인턴십에 참여할 때도 반드시 학교 내 유학생 관련 부서에 허락을 맡아야 할 정도로 F1 유학생의 불법 취업에 대해 민감하다.

F2 동반비자는 F1 학생비자 신청자의 배우자와 만 21세 미만 미혼자녀에게 발급된다. F2 동반비자로 가족 동반이 주된 목적이며, F1 학생비자 요건에 충족되는 경우 학교에 다닐 수 있다. 취업은 할 수 없다. 자녀는 F2 동반 비자로 공립 학교에 다닐 수 있다.

J1 교환방문 비자/J2 동반비자

J1 교환방문 비자로 미국 교환 프로그램에 참여할 수 있다. 단, 정부가 후원하는 교환 방문자인 경우, 이에 대한 보상으로 외국인이 국적국으로 돌아와 2년 본국 거주할 의무가 생긴다.

프로그램 종료 후 미국에 오래 남고 싶어 체류 기간 연장, 신분 변경 또는 영주권을 진행하려고 하실 때 2년 본국 거주의무가 발목을 잡을 수 있다. 사전에 DS-2019, 프로그램 허가 증명서에 이러한 의무사항을 반드시 확인해야 한다.

H1B 취업비자

H1B 취업비자로 학사 학위 이상 소지자 또는 전문 직종 종사자들이 미국에 3년에서 최대 6년까지 취직할 수 있다. 학위만 있다고 비자 자격요건을 충족할 수 있는 게 아니고, 신청인을 고용해야 하는 충분한 이유를 설명해야 한다.

매년 4월 1일에 비자 신청을 받아 총 65,000개(석사 이상 소지자 20,000개) 비자 발급 쿼터 제한을 두고 몇십만 명의 지원자가 경쟁하고, 미국인 우선 고용을 원칙으로 하므로 비자 취득이 쉽지 않다.

E2 사업비자

미국에 진출해서 사업을 하려는 투자자와 국내 기업들이 많이 찾는 비자다. 일반적으로 기존의 사업체를 매입하거나 신규로 창업하는 방식으로 진행한다.

이 비자는 비교적 작은 규모의 자본을 투자해서 빨리 체류 자격을 얻을 수 있는 5년짜리 비이민 비자이다. 5년 후에 E2 비자 요건을 충족한다면 재신청을 통해 체류 기간을 연장할 수 있다.

• E2 비자 관련한 가장 많은 질문 •

Q1▶ 얼마를 투자해야 비자가 잘 나올까?

비자 발급을 위해 정해진 최소 투자금액은 없다. 사업 활동 유형과 성격에 따라 투자금액은 달라질 수 있고, 자금 조달 능력과 자금 출처를 확실하게 증명해야 한다.

예를 들어, 컨설팅 사무실을 차려 서비스를 제공하는 사업체라면 렌트비, 공과금, 상담직원, 책상과 의자 등 비교적 적은 투자금액으로도 사업을 시작할 수 있다. 하지만, 제조공장을 설립하는 거라면 당연히 컨설팅 회사 투자금액보다 훨씬 많아야 할 것이다. 통상적으로 단독투자일 때 최소 20만~30만 달러를 권장한다.

Q2▶ 신청자의 배우자도 동반 가족 비자를 받아 미국에서 취업할 수 있는가?

그렇다. 2022년 1월 30일 이후부터 별도의 노동허가증(I-765) 신청 없이 입국심사대에서 E2S 비자 자격을 허가받아 입국 후 바로 취업을 할 수 있다.

L1 주재원비자/L2 동반비자

다국적 기업의 직원을 미국 내 동일한 기업의 모회사, 계열사 또는 자회사로 파견하는 경우 L1 비자를 가장 많이 찾는다. L1A와 L1B로 나뉘는데 L1A는 관리자 또는 임원급일 경우 신청할 수 있으며, L1B는 전문 지식을 보유한 직원이 신청할 수 있다.

E2 비자와 비교했을 때, L1 비자는 신청인의 자격요건이 훨씬 까다롭다. 지난 3년 동안 최소 1년 이상을 반드시 동일한 기업 또는 미국 외 지사에서 근무한 경력이 있어야 한다. 깐깐한 심사 대신 L1A 비자는 최대 7년, L1B 비자는 최대 5년 동안 체류 허용 기

간을 받을 수 있다. 최초 입국 시 체류 기간은 3년인데, 향후 미국 내에서 연장 신청을 하면 2년 단위로 연장할 수 있다.

	E2	L1
비자 목적	한국 국적을 가진 기업 또는 개인이 미국 법인 설립/ 필요한 투자 자본 송금 후 미국 내 고용 창출과 지속적인 영업활동을 위한 운영 계획	글로벌 기업의 직원을 미국 내 동일한 기업의 모회사, 계열사, 또는 자회사로 파견
비자/체류 허용 기간	입출입 비자: 1∼5년 체류 허용 기간: 2년(2년마다 미국 밖에 나갔다 들어오면서 갱신해야 함)	입출입 비자: 1∼5년 체류 허용 기간: 3년 (신설 법인인 경우, 1년)
비자 수속 절차	한국 내에서 신청하는 경우, 주한 미 대사관에 서류 심사와 인터뷰 진행	한국 내에서 신청하는 경우, 1129 신청서를 미 이민국에 접수 + 승인서를 가지고 주한 미 대사관에서 인터뷰 진행
대략적인 소요시간	3∼6개월(대사관 인터뷰 예약 가능 날짜에 따라 상의함)	3개월(대사관 인터뷰 예약 가능 날짜에 따라 상의함)

이민 비자

이민 비자는 반대로 이민 의도를 충분히 보여주어야 한다. 이민 비자는 소위 말하는 영주권 또는 그린카드(Green Card)를 말하며 크게 가족초청과 취업이민 비자로 나뉜다. 아래와 같이 미 영주권 취득 절차가 진행된다.

미 영주권 취득 절차 안내[29]

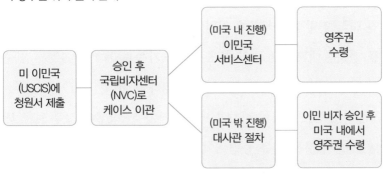

가족초청 이민 비자

초청자 (Petitioner)	수혜자 (Beneficiary)	동반가족 (Beneficiary's Dependants)

만 21세 이상
미국 시민권자
(U.S. Citizen)
	Immediate Relative(IR)
	직계가족
	• IR1 배우자 (or CR1, 2년
	  미만 혼인 기간의 배우자)
	• IR2 21세 미만 미혼자녀
	• IR5 부모님
	
	Family Preference(F)
	그 외 가족
	• F1: 21세 이상 미혼 자녀
	• F3(F31): 기혼 자녀
	• F4(F41): 형제, 자매
		• F32: 기혼 자녀의 배우자
		• F33: 기혼 자녀의 21세 미만
		  자녀
		
		• F42: 형제, 자매의 배우자
		• F43: 형제, 자매의 21세 미
		  만 자녀

만 21세 이상
미국 영주권자
(U.S. Lawful
Permanent Resident)
	• F2A(F21): 배우자
	• F2A(F22): 21세 미만 미혼
	  자녀
	• F2B(F24): 21세 이상 미혼
	  자녀
		• F23: F21과 F22의 21세 미
		  만 자녀
		• F25: F24의 21세 미만 자녀

---

29) https://travel.state.gov/content/travel/en/us-visas/immigrate/the-immigrant-visa-process/
step-10-prepare-for-the-interview/step-12-after-the-interview.html.

가족초청 시 핵심은 가족관계증명과 초청인의 재정보증이다. 매년 미국 연방정부가 가족 이민 최저 생계비 기준(Poverty Guideline)을 정하는데 재정보증인이 초청하는 가족 수에 따라 125% 기준치 이상의 충분한 수입과 자산을 증명해야 한다.

재정보증을 통해 수혜자가 영주권자가 된 직후에 정부 보조 혜택을 받지 않을 것을 증명해야 한다. 미국 시민권자의 초청을 받을 수 있는 배우자, 직계가족, 형제, 자매임을 증명해야 한다. 또는 미국 영주권자의 초청을 받을 수 있는 배우자, 직계가족임을 증명해야 한다.

취업이민 비자

EB1부터 EB5까지 취업이민은 훨씬 다양한 요구 조건들이 있다. 미국 비자 중에서 구비 서류가 가장 많고 절차도 복잡하다.

매년 나라별 쿼터를 적용해서 어느 한 나라의 국적자들로 치우치지 않도록 조절하기 때문에 취업이민 비자 카테고리별 문호가 각기 다르다. 대부분 이민 비자를 받기까지 2년 정도 소요되기 때문에 사전에 준비를 철저히 해야 한다.

분류	자격요건(Eligibility)
EB1	과학, 예술, 교육, 사업, 스포츠 분야의 세계적인 탁월한 능력(Aliens with extraordinary ability in the sciences, arts, education, business, or athletics)
	각자 분야에 빼어난 교수/연구원 (Outstanding professors and researchers)
	다국적 기업 매니저 또는 임원진 (Certain multinational managers and executives)
EB2	석사 이상 소지자 또는 학사 + 최소 5년 이상의 관련 실무경력 (Advanced Degree)
	NIW Exceptional Ability 특출난 능력*
EB3	숙련공(Skilled Workers)/ 학사 학위 소지한 전문가(Professionals)
	2년 미만의 훈련을 요구하는 비숙련공(Other Workers)
EB4	종교 종사자 등
EB5	105만 달러(그 외 고용촉진구역 투자는 80만 달러) 투자자

* EB2 NIW(National Interest Waiver, 고학력독립이민) Exceptional Ability는 미국인 고용주의 초청과 사전 구직활동 없이 본인의 특출난 능력이 미국 국익에 도움이 된다는 것을 증명함으로써 미국 노동부에서 허가받아야 하는 노동허가서(Labor Certification)를 면제받아 발급받는 이민 비자이다.

미국 부동산 투자 시
어떤 비자를 받는 게 좋을까?

사실 미국 부동산 투자 시 받는 비자가 딱 정해져 있는 것은 아니다. 본인의 상황과 목적에 맞게 비자를 신청하시는 게 가장 좋다. 미국 부동산 투자자들이 단지 투자 목적만으로 미국 비자를 받으려는 것은 아닐 것이다.

미국 내에서 가족들과 함께 거주하며 사업을 운영하고 자녀들은 미국 학교에 입학하는 등 장단기적 목표가 있을 수 있다. 다양한 종류의 미국 비자가 있고, 각각 절차와 혜택이 상이하므로 어떤 비자를 받아야 할지 충분히 고민한 후에 결정할 필요가 있다.

〈사례 1〉

• 의뢰인은 최종적으로 2년 이내에 미국 영주권을 취득해서 미국에 정착

을 원함.

- 현재 재직 중인 회사에서 미국 지사로 파견 제의를 받았음.
- 의뢰인의 배우자(동반 가족)는 올해 9월 가을학기에 입학하기를 희망함.

만약 의뢰인이 단기간 목표인 해외 파견을 위해 미국 주재원 비자를 신청한다면 현재 주한 미 대사관에서 주재원 비자 수속 기간이 3~4개월 이상 소요되기 때문에 자칫하면 의뢰인의 배우자가 동반 가족 주재원 비자를 9월까지 못 받을 수 있다. 이런 경우 의뢰인만 주재원 비자를 신청하고, 배우자는 학생비자를 각각 신청하는 것도 전략일 수 있다.

게다가 2년 이내에 미국 영주권 취득을 목표로 해서 의뢰인 또는 배우자 둘 다 영주권 자격 조건을 충족한다고 하면 의뢰인이 주 신청자가 되는 게 좋다. 혹시 모를 배우자의 학생 비자 연장 신청 시 이민 비자와 비이민 비자에서 요구하는 이민 의도가 서로 충돌하는 것을 예방하기 위해서다.

〈사례 2〉

- 의뢰인은 미국 대학원을 졸업하고 한국으로 귀국했으나 향후 미국으로 다시 돌아가기를 희망함.
- 올해 안으로 미국에서 취업을 희망함.

아직 미국 유학생이 학교 졸업 후에 연계되는 보장된 취업비자는 없다. 안타깝게도 의뢰인은 촉망받는 의료 분야 전공자인데 대학교부터 대학원까지 학기 내내 미국에 학비, 생활비, 세금을 내고도 취업비자를 받지 못해 한국행을 택할 상황에 놓였다.

이러한 상황을 대비해서 미국 유학 전부터 부모님께서 영주권을 취득해서 자녀도 영주권을 받을지 아니면 애초에 자녀가 취업을 통해 영주권을 취득할지 미리 계획하는 것이 좋다.

〈사례 3〉

- 의뢰인은 자녀 교육을 위해 미국 영주권 취득이 최종 목표임.
- 올해 말 교환교수로 미국에 1년 이상 거주할 기회가 생겼음.

미국 밖에서 주한 미 대사관을 통해 학생비자와 같이 비이민 비자를 발급받을 때 반드시 제출하는 서류 중에 DS-160 신청서가 있다. 여러 질문 중에 "Has anyone ever filed an immigrant petition on your behalf with the USCIS?(누군가 당신을 대신해 USCIS에 이민 청원을 한 적이 있습니까?)"라는 질문이 있다.

이민 비자 신청 여부를 묻는데 여기에 "Yes(네)"라고 답하는 경우 비이민 비자 발급이 거절될 수 있다. 이를 예방하는 방법은 물론 있다. 하지만 무턱대고 영주권 신청 후에 올해 말 교환교수 비자를 당연히 받을 수 있을 거로 생각하면 오산이다.

〈사례 4〉

- 의뢰인은 미국에서 취업과 부업으로 부동산 투자를 희망함.
- 현재는 미국 지사 파견으로 동반 가족 모두 미국에서 2년 이상 거주할 계획 있음.

막연한 취업, 이민 계획은 비자 발급에 도움이 되지 않는다. 비자 발급 전에 충분한 취업, 이민 계획 또는 의도를 분명하게 세우고 법률 상담받을 때 정확한 솔루션을 받고, 승인율을 높일 수 있다.

그냥 미국 가서 일하면서 부동산으로 돈 벌고 싶고, 자녀들도 무상으로 공립 학교 보내고 싶고, 한국을 떠나고 싶은 마음에 대충 계획하게 되면 비자 발급도 어려워질 뿐만 아니라 미국에서의 삶을 후회할 수도 있다.

〈사례 5〉

- 의뢰인은 F1 학생 신분으로 미국에 입국할 예정
- 향후 취업과 영주권 취득을 희망함

미국에 F1 학생 신분으로 입국해서 학교에서 정한 기간에 학점을 이수하면 학기 중 또는 졸업 후에 1년(STEM[30] 전공자는 3년) 취업이 가능하다. 단, 전공과목과 관련된 직무만 가능하다.

만약 학기 중에 일을 할 수 없다면 H1B 취업비자나 EB3 취업 영주권 스폰이 가능한 미국인 고용주를 찾아 F1 학생 비자를 유지한 채 미국 내에서 다른 비자를 받을 수도 있다. F1 학생 비자체류 허용 기간이 다른 비자로 신분 변경 또는 조정할 때까지 충분히 남아 있어야 한다. 이외에도 고용주 스폰서십 없이 영주권 취득이 가능한 EB2 NIW 고학력 독립이민을 고려해볼 수 있다.

이처럼 전문가와 충분한 상담을 통해 개인의 상황에 맞게 미국 비자를 전략적으로 신청해야 한다. 재차 말하지만 한 번의 거절 이력은 번복하기가 쉽지 않을 뿐만 아니라 비자 발급 시간을 상당히 지체시키기 때문에 첫 단추를 잘 채워야 좋은 결과를 제때 얻을 수 있다.

더불어 미국 부동산 투자자들이 미국 정부 기관이나 은행에서 필요한 서류를 발급받고 미국 세법상 거주자로서 혜택을 받으려면 미국에서 합법적으로 체류할 수 있는 비자가 필요하다.

이때 고려해볼 수 있는 게 상대적으로 비자 수속 기간이 짧은 비이민 비자인 E2 사업/소액 투자, 국제 창업자 규정과 2년 정도 소요되는 이민 비자인 EB2 NIW 고학력 독립이민과 EB5 투자이민이다.

---

30) STEM은 Science(과학), Technology(기술), Engineering(공학), Mathematics(수학)을 말한다. 2022년 1월 21일 국토안보부 발표에 의하면 STEM 분야로 인정받을 수 있는 전공은 Engineering (14), Biological and Biomedical Sciences (26), Mathematics (27), Physical Science (40)와 그 외 전공 과목 들이 추가되었다. 졸업예정자들은 본인 전공이 STEM에 해당되는지 CIP 코드를 가지고 학교와 확인하는 것이 좋다. https://www.ice.gov/doclib/sevis/pdf/stemList2022.pdf

미국 부동산 투자자에게 추천하는 비이민 비자

1. E2 사업/소액 투자

장점

- L1 주재원 비자와 같이 특정 직무 분야의 전문성과 경력이 요구되는 게 아니라서 부동산 투자자분들이 남녀노소 구분 없이 신청할 수 있다.

- EB5 투자이민 비자에 비해 5분의 1 정도 작은 규모의 자본을 투자해 미국 사업체가 비자 요건을 충족시키는 한 무한히 연장할 수 있다.

- 서류 준비 기간부터 비자 승인까지 대사관의 사정에 따라 3~6개월가량 걸리는 데, 2년 걸리는 EB5 투자이민 비자보다 신속하게 발급받을 수 있다.

- E2 비자 발급과 동시에 미국에 합법적으로 체류하며 사업 운영이 가능하다.

- E2 비자 동반가족(배우자와 만 21세 미만 미혼자녀)의 혜택도 있다. 배우자는 합법적으로 취업, 경제활동 할 수 있고, 자녀들은 국공립학교에서 무상교육을 받을 수 있다.

- 미국 사회보장번호를 받기 힘든 외국인도 법인을 설립해서 미국 국세청으로부터 사업자등록 고유번호(EIN, Employer Identification Number)를 발급받아 미국 내 은행 법인계좌를 개설할 수 있다. 첫해에 연방세금보고를 할 때 납세자 식별번호(TIN, Tax Identification Number)도 발급받을 수 있다. 이는 절세와 같은 혜택을 받을 때 꼭 필요한 식별 등록번호이다(자세한 내용은 3장 미국 부동산 세법 194쪽 참고).

만약 미국 부동산 투자자들이 E2 비자를 받는다면 어떤 점을 유의해야 할까?

1) E2 비자 신청 전에 법인 설립이 우선이다.

미국 법인 설립은 ① 주 정부에 법인 설립 신고 및 등록과 ② 회사 내부 서류 갖추는 것부터 시작된다. 아직 아래 절차를 밟지 않았다면, 무비자 ESTA나 B1/B2와 같은 단기 방문비자로 미국에 들어가서 법인 설립을 먼저 진행해야 한다.

주 정부에 법인 설립 신고 및 등록 (주마다 요구사항, 구비 서류, 절차 상이함)	회사 내부 절차
① 법인 형태(LLC, C-corp 등)를 전문가와 상담해서 신중하게 선택 ② 설립 주와 회사 이름 선택 ③ 주 정부에 법인 설립 증서 등 ④ 분기/연말/2년마다 보고서 제출 ⑤ 주에 거주하는 문서송부를 위한 등록된 대리인 및 사무실 주소(Registered agent and office address) 등록 ⑥ 미국 국세청에 사업자등록 고유번호(EIN) 신청 ⑦ 미국 내 은행에 법인계좌 개설	① 미국 법인 설립 관련 한국 본사 주총회의록 또는 미국 법인 최초 이사회의록 ② 미국 법인계좌로 투자금 송금 ③ 미국 법인 주식증서 발행 및 원장 작성 ④ 5개년 사업계획서: 고용 계획과 예산 및 자금 운용계획 ⑤ 필요한 직무에 적합한 해외 주재원 선정

미국 법인 설립 없이는, 심사하는 영사를 대상으로, 향후 미국에 가서 사업을 영위하고 영업활동을 통해 고용 창출과 미국 경제에 도움을 줄 것이라고 설득하기 어렵다.

E2 비자는 한국에서 신청하는 경우 주한 미 대사관 인터뷰(Consular Processing)만으로 심사가 이뤄진다. 비자 거절 이력이 생

기면 다음번 비자를 신청할 때 사정변경이 확실히 일어나지 않는한 극복하기 어려울 수도 있다. 그러므로 신중하게 E2 비자를 신청해야 하며, 미국 내 법인 설립 후에 비자 신청을 하는 것이 바람직하다.

2) 임대업 또는 주식투자와 같은, 직접 일하지 않고 이익을 얻는 투자로는 E2 비자를 발급받을 수 없다.

📝 E2 비자 자격 불충분

다른 E2 비자 요건(실질적인 사무실, 고용 창출, 매출 발생)을 모두 충족하지만, 소득의 90% 이상이 임대업이며 1명의 직원을 고용한 채 사업 운영이 가능하다면 E−2 비자를 발급받을 수 없다.

E2 비자 사업체는 임대수익과 주식 등으로 돈을 버는 게 주요 사업 활동이 될 수 없다. 아래 사례를 비교해보면 궁극적인 목표는 부동산 투자로 같아 보이지만 하나는 비자 발급에 성공했고, 다른 하나는 성공하지 못했다.

〈사례 1〉

비자 신청자의 궁극적인 목표: 해당 요식업, 브랜딩과 점포 확장에 필요한 부동산 매물 확보

• 투자금: 최초 자본금 10만 달러 + 부동산 렌트비 + 식당 기계 → 1년 사이에 100만 달러 추가 납입(미국 법인 계좌에 예금)

- 사업 종류: LLC, 퓨전 한식 식당

- 사업 운영: 2년

- 고용 현황과 계획: 현재 매니저급 1명에서 3명, 전문기술 직원 1명에서 3명으로 증원

〈사례 2〉

비자 신청자의 궁극적인 목표: 임대사업 확장, 신규 투자 유치, 그 외 주력 산업 연구개발

- 투자금: 최초 자본금 115만 달러 + 부동산 건물

- 사업 종류: 법인(Corporation), 임대업과 주력 산업 연구개발

- 사업 운영: 10년

- 고용 현황과 계획: 현재 매니저급 1명에서 2명으로 증원 예정. 그 외 직원 없음

그렇다면 부동산 임대업과 관련한 어떤 사업 활동을 하면 E2 비자 자격에 부합할까? 예를 들면, 부동산 자산관리(Property Management) 회사, 부동산 건설(Real Estate Construction), 하우스 플리핑(House Flipping) 회사를 설립해서 본인의 부동산이 아닌 다수의 부동산을 보유 및 관리하고, 미국인 고용이 필수적인 사업 활동을 영위한다면 E-2 비자를 받을 수도 있다.[31]

---

31) https://legalservicesincorporated.com/immigration/what-kind-of-real-estate-business-are-e-2-compliant-can-i-start-a-real-estate-company-for-an-e-2-visa/.

3) 신설 법인인 경우, E2 비자 자격요건을 충족하는데 기존 법인보다 더 어렵다.

신설 법인인 경우, L1 비자를 신청할 수 있지만, 체류 허용 기간이 1년 밖에 나오지 않기 때문에 입국하자마자 6개월 이내에 연장 신청을 해야 하는 번거로움이 있다. 연장이 거절되어 한국으로 돌아와야 하는 리스크가 있다. 이때 E2 비자를 고려할 수 있는데 신설 법인의 E2 비자 승인율이 높지 않다. 만약 한국 기업이 E2 투자자이고, 투자자의 재정 능력과 미국 자회사 사업 활동이 활발하게 운영 중이고, 실질적이며, 향후 고용 창출과 수익 발생 가능성을 증명한다면 신설 법인도 E-2 비자 신청이 가능하다.

특히, 신설 법인의 E2 비자 승인율을 높이려면 실현할 수 있는 안정적인 수익성 구조를 보여주는 전문가가 작성한 탄탄한 사업계획서나 기존 사업체의 사업보고서 역할이 중요하다.

비자 거절 나는 사업계획서 작성

- 비전문가가 작성한 사업계획서
- 비현실적인 고용계획 및 수익목표
- 미국 산업 트렌드와 동떨어지거나 경제 및 사회 국익을 고려하지 않은 사업계획
- 비자 신청인과 동반가족의 생계유지 가능한 수준의 수익 창출 계획
- 20만 달러 미만의 투자금액
- 두 명의 E2 투자자들의 공동 사업계획(각 E2 투자자들의 구별되는 비중 있는 역할을 소명해야 함)
- 본래 목적이 자녀 유학이나 은퇴인 경우

---

4) 신청자의 직무경험, 직책, 투자금액 등을 고려해서 E2 비자 타입을 신중하게 선택해야 한다.

E2 비자는 E2 Investor(투자자)도 있지만, 미국 사업체에 필요한 인력을 파견할 때도 발급할 수 있다. E2 Executive/Manager(임원/매니저급)와 E2 Essential Employee(필수 직원)으로 나뉜다. 비자 신청자의 학력, 경력, 직무 경험, 직책 등을 고려해서 E2 비자 타입을 신중하게 선택할 필요가 있다.

2. 국제 창업자 규정(IER, International Entrepreneur Rule)

만약 미국 회사에 지분이 적고, 개인 투자 자본금이 넉넉지 못하다면 스타트업 창업도 고려해 볼 수 있다. 당연히 신청인은 스타트업 창업할 만한 혁신적인 기술, 학력, 기존 스타트업 운영 경력을 가지고 있어야 한다.

바이든 행정부는 2018년도에 중단되었던 국제 창업자 패롤(허가) 프로그램을 재개했다. 외국인 창업자들이 미국 내에서 투자받아 스타트업 벤처 기업을 최장 5년(최초 2년 6개월, 재연장 이후 2년 6개월) 동안 운영할 수 있게 되었다.

E2 비자는 50% 이상 지분을 소유해야 하는데 국제 창업자 규정(IER) 비자는 10% 정도의 지분을 소유해도 신청할 수 있다. 최소 투자 자본금은 26만 4,147달러이며, 신청하기 전 18개월 이내에 자격을 갖춘 미국인 투자자들(qualified investors)로부터 투자받아야 한다. 즉, 스타트업의 대주주는 미국 시민권자, 영주권자, 미국 기업이어야 한다.

바로 다음에 소개할 EB2 NIW 고학력 독립이민 비자를 받기 위해 미국 국익(national interest)보다는 관대한 공익(public interest)을 입증해야 한다. 스타트업이 미국 경제와 고용 시장에 긍정적인 영향을 줄 것을 약속해야 한다.

미국 부동산 투자자에게 추천하는 이민 비자

미국 이민 비자는 소위 말하는 영주권, 그린카드를 말한다. 비이민 비자보다 자격요건이나 절차가 복잡하고 까다로우며, 비자 발급까지 1년 6개월~2년 이상이 걸린다.

1. EB2 NIW 고학력 독립이민

본인이 가진 특출난 능력(Exceptional Ability)을 가지고 미국에 가서 세운 계획이 미국 국익에 도움이 될 것을 증명해서 노동 허가증을 면제(Waiver)받아 진행하는 이민 비자이다. EB2 NIW는 다른 취업이민 비자와 다르게 미국 고용주의 스폰서십을 요구하지 않기 때문에 국내 신청자들의 관심이 높다. NIW 자격요건에 충족되고, 영주권 취득이 목표라면 이를 적극적으로 활용하는 게 좋다.

장점

- 일반적인 취업 이민은 신청 전에 6개월 이상 소요되는 미국 노동부 (Department of Labor)의 영구노동허가증(Permanent Employment Certification)을 발급받아야 한다. 이를 통해 미국 내 대체인력을 구할

수 없다는 것과 외국인을 고용하는 것이 미국 노동시장에 부정적으로 영향을 끼치지 않을 것을 보여준다. 하지만 EB2 NIW 고학력 독립이민은 외국인 신청자가 워낙 특출난 능력을 갖추고 있으므로 이 절차가 불필요할뿐더러 고용하지 않으면 오히려 미국이 손해라는 점을 고려해서 면제시켜주는 것이다.

- 미국 노동부 허가 절차가 면제되어 상대적으로 소요 시간이 단축된다(대개 2년 정도 소요).

- 미국인 고용주 스폰서십 없이 본인의 학력과 경력을 가지고 미국 내 자유로운 취업 활동이 가능하다.

- 한 번의 신청으로 조건부 영주권이 아닌 영구히 거주할 수 있는 영주권을 취득할 수 있다.

- 점차 프리미엄 프로세싱(Premium Processing, 긴급수속)[32]의 도입이 확대되어 2,500달러를 추가로 내면, 45일 만에 이민국 결과를 알 수 있게 된다(NIW의 경우, 2023년 1월 30일 이후부터 기존 및 신규 청원서 접수 모두 가능).

- NIW 자격요건에 충족된다고 판단되면 이민국의 승인 가능성이 높다.

미국 노동부 허가를 면제해주는 만큼 EB2 NIW 고학력 독립이

---

[32] 급행서류 심사 서비스(I-907)는 몇몇 지정하는 비이민비자, 이민비자 수속시간을 15~45일(비자 종류에 따라 상이함) 이내에 결과를 알려주는 급행 서비스입니다. 비자 신청인 1인당 1,500달러 또는 2,500달러(비자 종류와 회사 규모에 따라 상이함)를 별도로 내야 합니다. 하지만, 15일~45일 안에 결과를 판정하지 못하는 경우 수수료 환불을 요구할 수 있습니다. https://www.uscis.gov/i-907
[33] https://www.law.cornell.edu/cfr/text/8/204.5.

민은 다음과 같은 적격성을 증명할 수 있는 증빙자료를 제출해야
한다.[33)]

- 특출난 능력과 연관 있는 학사 또는 석사 이상의 학력을 증명하는 학위
  증명서, 졸업증명서, 성적증명서
- 최소 10년 이상의 정규직 경력을 증명할 수 있는 경력증명서 또는 고용
  주 추천서
- 해당 분야의 면허증 및 자격증
- 탁월한 능력을 입증할만한 고소득 연봉 수준을 증명하는 급여명세서
- 전문단체에 소속된 소속 증명서, 학회 회원증
- 공신력 있는 정부 기관, 전문가협회 등으로부터 업적과 공헌을 입증받
  는 추천서
- 그 외 필적할 만한 증빙 자료(성공한 프로젝트 수행 계획서, 상장증명
  서, 논문 인용 횟수, 특허증, 소비자 만족도 후기 등)

EB2 NIW 고학력 독립이민 신청은 모두 서류로만 제출해야 하
므로 본인의 특출난 능력을 어떤 서류로 어떻게 증명해야 할지
전문가의 조력이 필수이다.

2. EB5 미국 투자이민

EB5 투자이민 비자는 미국 내 고용 창출을 하는 취업 이민 비
자로 실질적인 구직활동 없이 투자만으로 영주권을 받을 수 있는

장점이 있다. 직접투자와 간접투자로 나뉘는데 직접투자는 E2 비자 요건과 비슷하고, 간접투자는 리저널 센터(Regional Center)[34]를 통해 사모 펀드와 같은 형식으로 투자한다.

규정된 최소 투자금액은 180만 달러(또는 고용 촉진 구역 90만 달러)로 5년마다 미국 도시 소비자물가지수(CPI-U)를 반영해서 투자 방식에 따라 액수가 증가한다.[35]

이러한 투자를 통해 정해진 기간 안에 정규직 신규 고용 창출을 10인 이상 할 수 있음을 증명해야 한다.

장점

- 미국 내 고용주 스폰서 없이 나이, 학력, 경력과 무관하게 신청할 수 있다.
- 투자자금 출처만 확실하게 증빙되면 비자 승인율이 높다.
- 국내에 있는 합법적인 자금을 해외 투자를 위해 해외 반출이 가능하다.
- 직/간접 투자를 통해 영주권뿐만 아니라 부가적인 투자 수익도 창출할 수 있다.

EB5 투자이민 비자는 자금출처 증빙이 핵심이다. 자금출처는 시드머니의 근원부터 미국 내 해당 투자처에 입금하는 경로까지 샅샅이 밝혀야 하므로 상당한 양의 리서치가 필요하다.

---

34) 미국의 특정 지역 내에서 수출 증대, 지역 생산성 증대, 새로운 일자리 창출, 자본투자 증대 등을 통해 경제 성장을 촉진하고 도모하고자 하는 사기업, 단체, 공공기관 등을 뜻한다. 리저널 센터의 영역은 주 전체가 포함될 수도 있고 어느 작은 도시의 한 블록이 될 수도 있다.
35) 8 CFR 204.6(f); https://www.law.cornell.edu/cfr/text/8/204.6.

예를 들어, 할아버지로부터 증여받은 자금으로 투자한다고 하면, 할아버지의 자금출처까지 거슬러 올라가야 한다. 국내에서는 세무서로부터 해외 이주 자금출처확인서를 받아 세금 납부 의무가 없는 자금임을 증명한다. 복잡하고 까다로운 자금출처 입증 절차만큼은 전문가의 조력이 필요하다.

그렇다면 미국 부동산 투자자들은 EB5 투자이민을 어떻게 활용할 수 있을까? 미국 내 진행 중이거나 계획 중인 다양한 EB-5 투자 프로젝트들이 있다. 예전에 진행했던 뉴욕 맨해튼 부티크 호텔, 텍사스 대형병원, 캘리포니아 호텔&레지던스, 인프라 건설, 임대 아파트 등 다양한 투자 사업 대상들이 있다.

투자자의 성향, 투자 관심사와 목표에 따라 전문가와의 충분한 상담 후에 프로젝트에 간접투자를 하는 것이 안전하다. 미국 현지 사정을 잘 알지 못하고, 투자를 처음 하시는 분에게는 더욱 이러한 방식을 적극적으로 추천한다.

EB5 투자이민 비자 취득이 목적인 만큼 투자금이 일정 기간 투자되어야 하며 100% 원금 상환이란 조건 없이 투자금이 투자 위험성에 노출(at risk)되어야 한다. 투자자는 이점을 고려해서 영주권을 받는 시점에 원금을 상환할 수 있는 프로젝트를 선정할 필요가 있다. 과연 투자자들이 미국 비자를 소지하면 어떠한 혜택들이 있는 걸까? 그중에서도 영구히 체류할 수 있는 영주권을 가지고 있으면 혜택이 무엇이 있을지 알아보자.

미국 영주권 혜택과 의무사항

세금 혜택을 위한 영주권 유지

다양한 혜택이 주어지는 만큼 영주권을 유지하기 위한 의무사항이 발생한다.[36] 아래 의무사항들이 잘 지켜지지 않을 경우, 미국 입국 시 영주권을 빼앗길 수 있으니 유의해야 한다.

- 미국 연방/주 정부 세금보고 및 납부 의무

- 18세에서 25세 성인 남자 징병 대상자(Selective Service) 등록 의무

- 미국 내 직장, 재산, 가족, 친척, 운전면허증, 커뮤니티 및 종교활동, 경제, 사회적 관계 유지함으로써 영구히 거주할 의도를 보여줄 의무

- 1년 이상 해외 거주 시, I131. 재입국허가증(Re-entry Permit) 신청 의무

[36] https://www.uscis.gov/green-card/after-we-grant-your-green-card/rights-and-responsibilities-of-a-green-card-holder-permanent-resident.

• 미국 외에 외국 법인 주주에 대한 신고 의무

영주권 취득 후에 의무사항을 지키지 못할 시 바로 영주권을 포기하기보다는 다음과 같이 이민국에 청원서를 제출해서 2년 정도 미국에 체류하지 않고 영주권을 유지할 수 있다.

미국 시민권자에 준하는 사회 복지 혜택[37]

• 비자 결격 사유(범죄, 이민법 위반 등)가 없는 한 영구적으로 체류 가능
• 영주권자로서 조건에 부합하면 3~5년 후에 미 시민권 취득 가능
• 한국 국적자로서 한국에서 사업, 건강보험 자격, 여권 유지 가능
• 직계가족(배우자, 만 21세 미만 자녀) 영주권 취득 가능
• 미 연방정부가 후원하는 혜택 프로그램, 보장제도 혜택, 연금 등

다양한 교육 및 취업 혜택

• 공립 초, 중, 고등학교 학비 무료
• 거주자(In-state) 대학(원) 학비 절약
• 미국 의대, 치대, 약대 진학 선택폭이 넓음
• 미국 정부 일자리 취업 가능
• 유학생보다 선택폭이 다양한 장학금 혜택
• 비자 자격 제한 걱정 없이 구직, 이직, 취업 가능
• 비자 유무로 차별받지 않고 본인의 능력으로 구직 가능
• 미국인 노동자와 동등하게 적용되는 급여조건, 근무환경
• 자유로운 창업의 기회(미국인과 동등한 법적 보호를 받을 수 있음)

그 외

• 미국 세법상 거주자로서 받는 공제, 조세감면 혜택
• 미국 상속, 증여 세제 혜택(자세한 내용은 3장 미국 부동산 세법을 참고)

---

37) https://www.immigrationhelp.org/learning-center/what-are-the-benefits-of-getting-a-green-card#toc-what-are-the-benefits-of-having-a-green-card-.

I131. Re-entry Permit**(재입국허가증 청원서)**: 반드시 미국 내에서 신청할 것

- 1년 이상을 미국 밖에서 체류할 경우 반드시 신청

- 미국 내에서 신청하고 지문 채취 검사받아야 함(4~6주 정도 소요됨)

- 미국에서 신청 후 귀국해서 재입국허가증은 주한미대사관에서 수령 (pick-up) 가능

- 최초 재입국허가증 발급 시, 최대 2년간 해외 체류 가능

- 다음번 재입국허가증 재발급 시, 2년 + 1년 가능(최초 재입국허가증 발급한 날로부터 최대 5년까지 가능)

- 해외 체류할 수밖에 없는 사유 증명 필요(e.g. 재산 처분, 의료 서비스 등)

경우에 따라, 배우자 중 한 명만 영주권을 포기하고, 언제든지 다시 배우자 초청을 통해 영주권을 획득할 수 있다.

I407. Abandonment of Lawful Permanent Resident Status**(영주권 포기 청원서)**

- 해외 체류기간, 체류목적, 영주권자로서 미국으로 돌아올 계획/의도, 미국과의 지속적인 연결고리 등을 고려해서 영주권 포기 신청

- 부모님 보호 아래 있는 미성년 자녀의 영주권 자격도 함께 박탈될 수 있음(단, 미성년 자녀의 영주권 자격 박탈은 부모님 동의가 반드시 필요함).

미국 변호사 선정 시 알아두면 좋은 팁

케이스 진행 내내 의뢰인과 열린 소통이 가능한 변호사

미국 이민법 관련 변호사를 선정할 때는 의뢰인과 열린 소통이 가능한 변호사와 준비하는 것이 중요하다. 첫 상담을 해보고 나면 변호사와의 대화 내용으로 의뢰인을 얼마나 이해하고 있는지뿐만 아니라 의뢰인을 대하는 태도, 넓게는 이민 로드맵을 제시하는 능력까지 가늠해볼 수 있다.

미국 비자와 영주권은 한 사람 인생의 여정을 바꾸는 일이므로 신중할 필요성이 있다. 그러므로 무작정 인터넷에 소위 '잘나가는' 변호사와 진행한다고 해서 의뢰인의 케이스가 승인이 난다는 보장은 할 수 없다. 이민에서는 변호사의 승소 능력을 보는 것이 아니므로 그러한 분류가 의미 없기도 하다.

오히려 케이스가 너무 많은 변호사일수록 한 사람 한 사람에게

다 신경 쓰기가 힘들어 의뢰인과 소통이 어려울 수 있다. 미국이라는 국가의 특성에 대해 잘 이해하고, 청원서에 비자 신청인의 의지와 계획을 본인보다 더 잘 녹여낼 수 있는 열정이 있는 변호사와 함께한다면, 어려운 케이스가 오히려 빠른 승인을 얻어내는 경우를 본다. 물론 그러한 열정이 있는 변호사일수록 당연히 승인율이 높을 수밖에 없다.

그만큼 이 분야에서는 변호사와 의뢰인의 합이 중요하다. 의뢰인 역시 변호사 비용만 지불하고 손 놓고 '모든 것을 해주겠지'하는 마음으로 기다리기보다는 적극적으로 모든 과정에 참여하고 스스로 고민한 흔적이 많을수록 비자 승인 확률이 올라간다고 볼 수 있다.

장기적인 로드맵을 제시할 수 있는 변호사

비이민 비자와 이민 비자의 특성이 다르고 영주권과 각 비자의 특징이 또 다르므로 장기적인 관점에서 접근해야 하는 만큼 첫 단추를 잘 끼우는 것이 중요하다. 주재원 비자 신청 당시는 영주권을 생각하고 있지 않았지만, 앞으로 미국에 더 오래 머무르고 싶어 영주권을 신청하게 될 수도 있다.

오로지 영주권만을 생각했지만, 현실적으로 2년 이상 기다릴 수가 없어서 비이민 비자로 체류하면서 몸소 타지 생활을 경험해 보고 결국 한국으로 귀국하기로 할 수도 있다. 즉, 의뢰인의 개인적인 상황과 타이밍에 따라 원하는 대로 바뀔 수 있다.

그러므로 의뢰인과 함께 다방면으로 본인의 장기적인 이민 계획을 고민해 줄 변호사라면 향후 계획이 바뀌더라도 더 유연하게 대응할 수 있을 것이다.

미국 이민 규제와 상황의 변화를 읽을 수 있는 변호사

마지막으로 이민법은 트렌드를 읽는 능력이 중요하다. 미국의 정치적 상황과 정서에 따라 더 승인율이 높아지는 직군과 분야도 있고, 그 반대로 거절률이 높은 것도 존재한다. 앞서 언급한 EB2 NIW 고학력 독립이민과 같은 취업이민 비자 같은 경우 이러한 트렌드에 민감하다.

2022년 1월에 발표한 바이든 정부의 NIW 심사 가이던스에 따르면 고학력자 중에 STEM(Science, Technology, Engineering, and Math) 분야 및 사업가들이 신속한 이민 수속 절차를 밟을 수 있도록 미국 내 취업 문을 열어주었다.[38]

미국 노동시장에 부족한 인력을 분야별로 적극적으로 채용하고 보충하겠다는 취지로 볼 수 있다. 덕분에 동 분야 NIW 신청자들의 청원서가 급행으로 처리되는 것을 몸소 경험하기도 했다.

반면에 미국의 리쇼어링 정책으로 앞으로 국내 반도체, 배터리,

---

[38] https://www.uscis.gov/newsroom/alerts/uscis-updates-guidance-on-national-interest-waivers.

제조업 등 핵심 산업의 해외파견 근로자들이 증가할 것으로 보인다. 대기업에서뿐만 아니라 해당 하청업체에서 인력 파견도 불가피한데 이에 대한 마땅한 비자가 없다는 게 현실이다.

그러므로 무조건 경력이 '오래된' 변호사라고 더 잘한다고 생각하면 오산일 수 있다. 오히려 바뀌는 트렌드를 계속 읽으려 하고 관심을 가지고 대응하고 있는 변호사가 더 적합할 수 있다.

법무법인 온조 비자메이트

법무법인 온조 비자메이트에 소속된 두 명의 미국 변호사는 하나의 케이스를 함께 검토하고, 공동 서류 작업을 진행하고 있다. 상담부터 비자 신청까지 모든 프로세스를 미국 변호사와 함께 진행하니 법적으로 발생할 수 있는 문제를 최소화하고 의뢰인의 개인별 상황과 고민을 고려해서 다각도로 접근을 할 수 있다는 장점이 있다.

한지혜 뉴욕주 변호사는 미국에서 학부와 로스쿨을 졸업한 뒤 이민법 분야에서 다양한 경력을 쌓아왔다. 미국에 대한 깊은 이해를 하고 있기에 의뢰인의 상황에 맞추어 미국 정착에 필요한 장기적인 로드맵을 제시할 수 있는 강점이 있으며, 이민국과 적극적으로 소통하며 이민법의 트렌드를 항상 주시하고 있다.

허선 워싱턴 D.C. 변호사는 국내 학부와 로스쿨을 졸업하고 국내에서 미국 변호사로 활동하고 있기에 한국법과 미국법, 두 국가의 문화에 두루 능통하다. 두 국가의 특성과 차이를 이해하고 의뢰인의 상황을 최대한 미국 심사관 관점에서 이해가 가능하도록 설득력 있는 청원서를 작성할 수 있다.

두 변호사는 이민법 분야에서 함께 경력을 쌓으며 소통해온 경험을 바탕으로 서로의 강점을 부각할 수 있는 방향으로 작업하고 있다.

온조 비자메이트에 상담 문의는 언제나 열려 있다. 상담을 원한다면 전화 또는 문자로 상담 예약이 가능하고, 내방 상담과 전화 상담을 함께 진행하고 있다. 해외에 거주하는 의뢰인의 경우에도 전화나 줌(Zoom) 등을 이용해서 직접 사무실에 방문하지 않아도 궁금증을 해결할 수 있다.

블로그(주소): https://blog.naver.com/visamate
홈페이지(주소): http://onjolaw.com/

전화, 문자, 카톡으로 주중, 주말 오전, 오후 상담 가능

이메일(주소): 한지혜 미국 변호사 jhan@onjolaw.com
이메일(주소): 허선 미국 변호사 sunny@onjolaw.com
전화(유선): 02-584-1222

전화(핸드폰): 010-2368-0782 (주중, 주말 오전, 오후)
카카오톡 ID: jhan_onjo

당신의 운명을 바꾸는,
미국 비자

성공적인 아메리칸드림을 응원하며

미국은 선진국 중에서 새로운 꿈과 자유를 얻고자 하는 전 세계 이민자들이 선호하는 나라이다. 이민은 개인 또는 가족의 선택이기 때문에 그들의 삶과 밀접하게 연결되어 있다. 이민이란 목표는 같은데 목표를 세운 이유부터 목표를 달성하기 위한 수단까지 개인마다 각양각색이다. 미국 진출을 앞둔 기업도 마찬가지이다. 기업의 세계화를 목표로 미국과 같은 선진국을 기반으로 앞으로 나아간다.

이처럼 매년 넘치는 미국 방문객과 이민자들로 인해 자국의 이익 보호와 국가 안보 차원에서, 미 이민국 심사관, 이민국 경찰이나 대사관 영사들은 깐깐하게 비자 신청 서류를 보지 않을 수 없다. 미국 연방정부의 이민 정책은 이민 및 국적법(Immigration and

Nationality Act)과 행정명령에 따라 철저하게 움직일 수밖에 없다.

반면, 미국 내 인력이 부족한 직업군을 외국인 노동자가 채우고, 적극적인 외국인 투자 유치와 더불어 미국 내 소수 문화가 주류로 편입되어 다양한 문화를 만들어내는 것을 허용하기도 한다. 세계 최고의 기업과 교육 시스템을 위해 또는 더 나은 삶의 터전과 사업환경을 위해 미국을 찾는 사람들이 여전히 많다.

그러한 사람들이 반드시 거쳐야 하는 미국 이민 행정 절차에 있어 도움이 될 만한 미국 비자 이야기를 다루어보았다. 미국 비자는 다른 나라 비자처럼 절대 만만하게 봐서는 안 된다. 비자 종류부터 발급 절차와 미리 알아두면 좋은 팁까지 아낌없이 알려드렸다. 많은 도움이 되시길 바라며 여러분의 성공적인 미국 진출과 정착을 진심으로 응원한다.

용어사전

ARM(Adjustable Rate Mortgage)**:** 변동 금리 모기지. 이자율이 변동되는 대출.

ADU(Additional Dwelling Unit)**:** 단독주택에 추가로 확장하는 부분 증축. 차고나 마당에 주택을 확장함.

BOM(Back on Market)**:** 거래 중 계약이 취소되어 다시 시장에 나온 매물을 의미한다. 일반적으로 'no fault of the house'라고 매물의 문제로 인한 취소가 아닌 다른 이유가 있었음을 설명하는 문구를 같이 표기한다.

C.O(Certificate of Occupancy)**:** 지역 관공서나 시의 빌딩국에서 발급하는 허가증명서. 시공이나 공사가 법규에 따라 진행되었으므로 입주자가 공간을 사용할 수 있다는 허가서이다.

DOM(Days on Market)**:** 매물이 시장에 나와 있던 날짜 수

DPA/DAP: 선불금 보조 프로그램. 다운페이 보조 프로그램.

Fannie, Freddie: 국책모기지 은행인 패니매(Fannie Mae)와 프레디맥(Freddie Mac)을 줄여 부르는 단어. 이 기관들은 은행들이 발급한 주택담보대출의 재구입과 직접 보증을 통해 주택시장의 안정을 도모한다.

FHA: 미국 연방주택국(Federal Housing Administration)의 축약어

FRM(Fixed Rate Mortgage): 고정 금리 모기지

FSBO(For Sale by Owner): 집주인이 직접 부동산을 파는 것. 주인 직거래 매물.

FTH: 생애 첫 주택 구입자. 'First-time Home Buyer'.

HOA: 주택소유주협회를 의미한다. 콘도나 타운하우스 단독주택 단지 안에 존재하며 관리비를 받고 전반적인 관리를 하며 이들의 규칙이 존재한다.

HUD: 미 연방주택도시개발국. 'US Department of Housing and Urban Development'

Not a Short Sale, Not a Foreclosure: 거래 절차가 다른 숏세일 매물이나 폴클로저(경매) 매물의 절차보다 간단하다는 것을 강조하기 위해 문구를 넣거나, 관리가 잘 되어있는 매물이라는 걸 표현하기 위해 이 문구를 집어넣는다.

OO/NOO: 주택 소유주가 거주하는지 거주하지 않는지를 의미한다. 정부 보증을 받고 대출받기 위해서 필요한 조건이다. OO: 소유주 거주/NOO: 소유주 비거주

PITI: 원리금, 세금, 보험을 의미한다.

POA(Power of Attorney): 표준위임장을 의미한다. 대리인에게 본인의 권한을 위임해서 각종 업무를 처리할 수 있다.

REO(Real Estate Owned): 차압매물. 압류 절차가 마무리된 후 소유권이 대출기관에 넘어간 상태인 건물이며, 경매로도 매도가 안 되는 물건들이 시장에 나온 상태이다. 절차가 일반 매물과 다르거나 복잡할 수 있으며 매물 그대로 구입해야 하는 경우가 일반적이지만, 가격이 저

렴한 것이 특징이다.

S/S(Shortsale): 남아있는 주택 대출금 원리금보다 낮은 가격으로 나온 매물이다. 대출기관의 승인을 기다려야 하므로 절차가 복잡하고 시간이 좀 걸릴 수 있다.

다운페이먼트(Down payment): 은행 대출을 제외한 나머지 금액이다. 예를 들어 100만 불의 주택을 구입할 30만 불을 현금으로 내고 나머지를 대출받는다면 30만 불이 다운페이먼트다.

듀얼 에이전트(Dual Agent): 주택을 거래할 때 한 명의 에이전트가 판매자와 구매자를 모두 대변하는 경우를 의미한다.

듀플렉스(Duplex): 지붕 하나에 두 세대가 거주할 수 있는 건물이거나 두 층 이상이 있는 주거 건물로서 한세대가 거주한다.

디스클로저(Disclosure): 공개조항. 법적으로 판매자가 구매자에게 공개해야 하는 정보들이다.

디파짓(Deposit): 계약금, 보증금

레지덴셜(Residential): 주거용

리스옵션(Lease Option): 세입자에게 계약 기간 동안 부동산을 구매할 수 있게 해주는 계약조항이다.

리스팅(Listing): 중개인에게 자신의 부동산을 판매나 월세 등 거래의 알선을 의뢰하는 것을 의미한다. 중개업자가 소유주를 대신해 판매나 월세 등 거래를 알선할 수 있는 권리를 뜻한다.

린(Lien): 채권자가 채무자의 재산에 대해서 채무의 지급을 청구할 수 있는 권리이다.

모기지(Mortgage): 부동산을 매입할 때 매물을 상대로 저당을 잡고 받은 대출. 부동산 담보 대출.

바이어(Buyer): 구매자

바이어스 마켓(Buyer's Market): 수요보다 공급이 더 많아 구매자가 더 유리한 시장

비딩 워(Bidding War): 입찰 경쟁. 다수의 구매자가 입찰한 경우

빌딩코드(Building Codes): 법에 따라 지켜야 하는 건축 규정

빌딩퍼밋(Building Permits): 건축/공사 허가

셀러스 마켓(Seller's Market): 공급보다 수요가 더 많아 판매자가 유리한 시장

싱글패밀리홈(Single Family Home): 단독주택

아포스티유(Apostille): 특정 국가에서 발행된 문서를 다른 나라에서 법적인 효력을 갖기 위해서 진행하는 절차. POA(표준위임장)를 미국에 보내기 위해서는 아포스티유를 받아야 한다.

애뉴얼 캡(Annual Cap): 연간 대출이자율 변동에 대한 제한 구간

애즈 이즈(as-is): 주택의 상태나 조건을 보지 않고 그대로 매입하는 조항을 의미한다.

액세스드 밸류(accessed value): 주택 산정 가격

어니스트머니(Earnest Money): 구매자가 판매자에게 부동산 구매 의사를 표시하기 위해 오퍼와 함께 보내는 계약금의 일종. 입찰을 할 때 함께 보내는 계약금.

어프레이절(Appraisal): 주택감정

어프레이즈드 밸류(Appraised Value): 감정평가 가치

에스크로(Escrow): 부동산 거래가 마무리가 되기 전, 돈이나 관련 문서

들을 제3자에게 맡겨 두는 것이다. 안전 거래를 의미하며 제3자가 전반적인 거래 과정을 중재 및 조율한다.

에이전트(Agent): 부동산 중개업자

에쿼티(equity): 해당 부동산에서 부채를 제한 자산

오퍼(offer): 입찰. 구매자가 계약금과 함께 어떠한 조건으로 부동산을 구매할지 의사를 표시하는 걸 의미한다.

워크스루(Walk-through): 부동산 거래가 마무리가 되는 클로징 전에 매입자가 마지막으로 해당 부동산을 검사하는 과정이다.

홈인스펙션(Home Inspection): 주택검사

조닝(Zoning): 부동산의 용도를 규제하는 법률에 따라, 토지를 기능에 따라 나누는 걸 의미한다. 조닝은 용도에 따라 지역을 거주, 상업용, 공장 지역 등으로 나눈다.

카운터오퍼(Counteroffer): 구매자의 입찰 조건들을 거부하고 판매자가 다른 조건을 제시하는 경우이다.

캐쉬플로우(Cash Flow): 현금흐름

캐피털 게인(Capital Gain): 매각이득. 주택을 자신이 산 가격보다 더 높은 가격으로 팔아 수익을 본 경우이다.

커머셜(Commercial): 상용

커브어필(Curb Appeal): 건물의 외관을 의미. 건물의 첫인상을 뜻함. 커브어필이 좋아야 집을 팔기 쉽다.

컨틴전시(Contingency): 선행조건. 이 조건들이 충족되지 않았을 때 계약금을 돌려받고 계약을 파기하거나 계약 조항을 수정할 수 있다.

컴페터티브 마켓 애널리시스(CMA, Competitive/Comparative Market Analysis):

일반적으로 콤이라고 부른다. 해당 부동산과 비슷한 다른 부동산들의 가격대를 분석한 것으로 '비교감정' 또는 '비교시세분석'이라고 한다. 최근에 해당 부동산 주변에서 판매된 부동산을 의미하고, 주택의 가치를 평가할 때 사용한다.

코압(Co-op): 해당 부동산을 소유한 회사의 지분을 매입하고 해당 유닛에 거주할 수 있는 권리

콘도(Condo): 개인이 소유권을 가질 수 있는 주거 형태

클로징 코스트(Closing Cost): 에이전트 비용과 세금 등 부대비용

클로징(Closing): 부동산 거래가 마무리되었음을 의미한다. 모든 정산을 끝내고 계약서 서명과 함께 집문서 교환이 된 상태를 의미한다.

타이틀 서치(Title Search): 부동산 소유권 검색

타이틀(Title): 부동산의 소유권을 의미한다.

파이널 인스펙션(Final Inspection): 최종주택검사, 주택검사에서 발견된 문제가 해결되었는지 클로징 전 마지막으로 체크하는 단계이다.

포클로져(Foreclosure): 집주인이 대출금을 내지 못해 대출기관이 차압에 들어간 상태이다.

프리 어프루벌 레터(pre-approval letter): 사전융자승인서

플립(Flip): 노후한 주택을 구입해서 단기간에 수리한 후 다시 높은 가격으로 파는 것을 의미한다.

하드머니(Hard Money): 은행이 아닌 개인이나 기업을 통해 받는 대출. 부동산을 담보로 대출받으며 단기간 사용할 수 있는 대출. 이자가 높으며 플리핑을 할 때 일반적으로 사용한다.

중앙경제평론사 Joongang Economy Publishing Co.
중앙생활사 | 중앙에듀북스 Joongang Life Publishing Co./Joongang Edubooks Publishing Co.

중앙경제평론사는 오늘보다 나은 내일을 창조한다는 신념 아래 설립된 경제·경영서 전문 출판사로서
성공을 꿈꾸는 직장인, 경영인에게 전문지식과 자기계발의 지혜를 주는 책을 발간하고 있습니다.

미국 부동산을 알면 투자가 보인다

초판 1쇄 인쇄 | 2023년 4월 10일
초판 1쇄 발행 | 2023년 4월 15일

지은이 | 다이애나 킴(Diana Kim)·에릭 나(Eric Rah)·조형민(HyeongMin Cho)·
　　　　김동용(DongYong Kim)·한지혜(JiHae Han)
펴낸이 | 최점옥(JeomOg Choi)
펴낸곳 | 중앙경제평론사(Joongang Economy Publishing Co.)

대　　표 | 김용주
책임편집 | 용한솔
본문디자인 | 박근영

출력 | 영신사　종이 | 한솔PNS　인쇄·제본 | 영신사

잘못된 책은 구입한 서점에서 교환해드립니다.
가격은 표지 뒷면에 있습니다.

ISBN 978-89-6054-314-0(03320)

등록 | 1991년 4월 10일 제2-1153호
주소 | ⑦ 04590 서울시 중구 다산로20길 5(신당4동 340-128) 중앙빌딩
전화 | (02)2253-4463(代)　팩스 | (02)2253-7988
홈페이지 | www.japub.co.kr　블로그 | http://blog.naver.com/japub
네이버 스마트스토어 | https://smartstore.naver.com/jaub　이메일 | japub@naver.com
♣ 중앙경제평론사는 중앙생활사·중앙에듀북스와 자매회사입니다.

도서
주문　**www.japub.co.kr**
　　　전화주문 : 02) 2253 - 4463

https://smartstore.naver.com/jaub
네이버 스마트스토어

중앙경제평론사/중앙생활사/중앙에듀북스에서는 여러분의 소중한 원고를 기다리고 있습니다. 원고 투고는 이메일을
이용해주세요. 최선을 다해 독자들에게 사랑받는 양서로 만들어드리겠습니다. **이메일** | japub@naver.com